2016 年度国家自然科学基金项目："道路交通统计生命价值测算方法和测算模型研究"（51608088）

2016 年度教育部人文社会科学研究项目："轨道交通统计生命价值评价方法和评价模型研究"（16YJC630075）

2015 年度辽宁省社会科学规划基金项目："基于道路交通安全的生命价值评价研究"（L15BGL003）

道路交通统计生命价值评价研究

刘文歌　著

中国财经出版传媒集团

经济科学出版社
Economic Science Press

图书在版编目（CIP）数据

道路交通统计生命价值评价研究/刘文歌著．—北京：
经济科学出版社，2019.1
ISBN 978－7－5218－0247－4

Ⅰ.①道…　Ⅱ.①刘…　Ⅲ.①交通运输事故－研究
Ⅳ.①U492.8

中国版本图书馆 CIP 数据核字（2019）第 024919 号

责任编辑：刘　莎
责任校对：王肖楠
责任印制：邱　天

道路交通统计生命价值评价研究
刘文歌　著
经济科学出版社出版、发行　新华书店经销
社址：北京市海淀区阜成路甲 28 号　邮编：100142
总编部电话：010－88191217　发行部电话：010－88191522
网址：www. esp. com. cn
电子邮件：esp@ esp. com. cn
天猫网店：经济科学出版社旗舰店
网址：http://jjkxcbs. tmall. com
北京时捷印刷有限公司印装
710×1000　16 开　12 印张　200000 字
2019 年 1 月第 1 版　2019 年 1 月第 1 次印刷
ISBN 978－7－5218－0247－4　定价：42.00 元
（图书出现印装问题，本社负责调换。电话：010－88191510）
（版权所有　侵权必究　打击盗版　举报热线：010－88191661
QQ：2242791300　营销中心电话：010－88191537
电子邮箱：dbts@ esp. com. cn）

前　　言

　　21世纪的中国追求的是和谐、环保、安全、创新的发展理念，安全问题是建设和谐社会的首要任务。道路交通安全不仅是交通行业健康、良好发展的基础保证，更是国家安全体系的重要组成部分。道路交通事故不仅造成车辆、财产的损坏，路面、环境的破坏，更重要的是人身伤亡；交通事故的发生不仅造成直接的巨大的经济损失，更会对人的心理、社会的发展造成长远的不利影响。随着我国经济的快速发展和城市化进程的持续加快，我国汽车保有量从2007年的4 417万辆增长到2017年的3.10亿辆，近十年间增幅接近7倍。汽车数量的快速增长为人们的生活带来了方便的同时，也给城市的发展带来了严重的问题，如道路交通拥堵问题、道路交通安全问题、环境污染问题以及能源消耗问题等，其中道路交通安全问题日趋突出。因此提高道路交通安全、降低道路交通事故是交通行业相当关注的问题，也是交通安全政策制定中非常重要的问题。

　　近年来，我国道路交通管理部门实施了多种道路交通安全项目，道路交通安全形势取得一定好转。但与日本、欧美等发达国家相比，我国道路交通安全形势仍十分严峻，道路交通事故死亡人数一直位居世界之首。因此，改善道路交通安全状况，降低道路交通事故发生率和死亡人数是交通安全领域一项长期而艰巨的任务。为了改善道路交通安全状况，政府需要从长远角度出发，大量投资道路交通安全项目从车、人、路和环境等方面进行监督和控制。但由于政府资源有限，不可能对道路交通安全项目进行盲目投资。为保证项目投资掷地有声、项目实施切实有效，对道路交通安全项目进行科学合理地评价尤为重要。目前，国内外普遍采用成本效益分析法（cost-benefit analysis）对道路交通安全项目进行评价。道路交通安全项目的效益体现在道路交通事故风险降低带来的经济效益，包括致命事故风险降低挽救的人的生命价值以及非致命事故风险降低节省的伤残费用和减少的财产损失，其中如何科学合理地评价致命事故风险降低挽救的人的生命价值是国内外学术界和政府非常关注和一直探讨的热点和难点。

对于"人的生命价值"的量化评估主要基于两大理论方法，一是20世纪50年代初至60年代末盛行的人力资本法（HC：human capital approach），二是70年代初至今盛行的支付意愿法（WTP：willingness to pay approach）。人力资本法的观点认为人的生命价值是个人对社会财富的创造，即个人在未来预期年份（如果没有死亡）实际净收入的现值之和，强调的是对个体生命赋值。但由于人力资本法自身的局限性以及与成本效益分析经济原则相背离，70年代初许多经济学家对此提出质疑，并认为评估人的生命价值应当遵循支付意愿的原则，由此支付意愿法取代人力资本法被广泛研究与应用。支付意愿法的思想认为人的生命价值取决于人们对死亡风险降低的支付意愿，是站在统计学的角度衡量人的生命价值，即统计生命价值。目前支付意愿法已取代人力资本法成为衡量人的生命价值的主要方法，统计生命价值衡量人的生命价值已被大多数经济学家认可，成为衡量死亡风险降低挽救的人的生命价值的重要指标，并且应用于许多安全领域或风险背景，如生态环境、职业安全、疾病健康、公共安全及交通安全等领域。

道路交通统计生命价值是以道路交通安全为风险背景，衡量道路交通死亡风险降低挽救的人的生命价值，现已成为道路交通安全项目成本效益评价中必不可缺的基础数据，并在欧美等许多发达国家和一些发展中国家广泛研究和应用。统计生命价值的评价研究在国外有40余年的研究历史，但在我国起步较晚且相关研究凤毛麟角。基于此，本书以私家车出行者为研究对象，以国内外相关文献为研究基础，对道路交通统计生命价值的形成机理、评价方法和评价模型进行系统研究，旨在拓展我国道路交通安全研究和交通经济学研究的领域，同时为政府进行道路交通安全项目经济评价提供基本参数，并为保险公司制定和划分致命事故赔偿标准提供参考依据。

本书共分为六章内容。第一章"绪论"，基于现实背景和方法应用背景提出本书的研究问题，并阐述研究的理论意义和现实意义；点明本书的研究目标并阐述研究方法和技术路线。第二章"道路交通统计生命价值研究综述"，在广泛收集相关文献基础之上，对道路交通统计生命价值的研究脉络进行梳理。首先介绍道路交通统计生命价值的概念、应用范围及研究对象；其次利用元分析方法，从研究主题、参考学科、研究方法和分析层次四个维度出发分析 1995～2011 年间道路交通统计生命价值的研究特征；再其次从评价方法、评价模型和影响因素三大研究主题入手，归纳道路交通统计生命价值的研究成果；最后总结国内外研究进展并指出现有研究存在的不足。第三章"道路交通统计生命价值形成机理"，首先基于计划行为理论并结合利他行为理论，提出道路交通统计生命价值形成机理的理论框架；其次以大连市私家车出行者为调查对象，实施交通意向调查；再其次利用结构方程模型构建道路交通统计生命价值形成机理模型，并对模型进行估计、评价、修正和假设验证；最后通过修正后的形成机理模型，分析道路交通统计生命价值影响因素之间的关系，并揭示私家车出行者的社会经济特征对道路交通统计生命价值的驱动作用。第三章的研究结论是第四章和第五章构建统计生命价值评价模型时变量选择的依据。第四章"基于条件价值法的道路交通统计生命价值评价研究"，首先基于条件价值法并结合确定性校准法，提出道路交通统计生命价值的评价思路；其次利用多项 Logit 模型，构建单边界、双边界和三边界二分式统计生命价值评价模型；再其次以购买交通安全产品和支付安全道路为假设场景进行了交通意向调查；最后对模型进行实证检验获得统计生命价值评估值，并对两种假设场景和三种评价模型进行比较分析。第五章"基于意愿选择法的道路交通统计生命价值评价研究"，首先基于意愿选择法并结合正交试验法，提出了道路交通统计生命价值的评价思路；其次利用 2 项 Logit 模型和混合 Logit 模型，引入路径特性变量和个人特性变量，构建了 4 种统计生命价值评价模型；再其次以出行路径选择为假设场景进行了交通意向调查；最后利用 Monte Carlo 方法对 ML 模型进行了 150 次仿真模拟，完成了模型的实证检验并获得了统计生命价值评估值，从而对 4 种评价模型进行了比较分析，并揭示了路径特性和个人特性对统计生命价值的影响。第六章"结论与展望"，归纳和总结了本书的主要研究成果并提出若干建议，并针对研究中存在的局限性和不足提出了未来的研究方向。

本书创新点体现在理论方法创新和应用实践创新两个层面，具体包括如下三点：

（1）基于计划行为理论，引入个人风险因素和个人社会经济特征因素，提出了道路交通统计生命价值形成机理的理论框架，并利用结构方程模型构建了道路交通统计生命价值形成机理模型。从理论方法层面，将计划行为理论与利他行为理论相结合，引入风险控制能力、风险暴露程度和风险厌恶程度三个个人风险因素作为行为态度的前因变量，并引入年龄、性别、学历、驾龄、车险五个个人特性变量作为三大风险因素的前因变量，提出了道路交通统计生命价值的形成机理模型，使计划行为理论在道路交通统计生命价值研究领域的应用得到了丰富和拓展。从实践应用层面，道路交通统计生命价值形成机理模型的构建，揭示了道路交通统计生命价值影响因素之间的相互关系，解释了私家车出行者的风险控制能力、风险暴露程度和风险厌恶程度对道路交通统计生命价值的影响作用，以及私家车出行者的性别、年龄、学历、驾龄、车险对道路交通统计生命价值的驱动作用。研究结果可为驾驶员安全教育培训体系的制定、交通安全法规的制定和执行、交通安全设施和设备的研制和推广，以及交通安全保险产品的设计提供理论基础支持。

（2）将条件价值法与确定性校准法相结合，并基于单边界、双边界和三边界二分式格式设计了调查问卷，利用 MNL 模型构建了单边界、双边界和三边界 VOSL 评价模型，并进行了比较研究。研究结果表明：三边界二分式格式获得的 WTP 数据更为精准；三边界二分式 VOSL 评价模型的精确性更高，并且 VOSL 评估结果更为合理。从理论方法层面：基于三边界二分式格式的调查问卷设计，拓展了道路交通统计生命价值的评价思路；三边界二分式 VOSL 评价模型的构建为道路交通统计生命价值提供了更为可靠的评价模型。

（3）将意愿选择法和正交实验法相结合设计了调查问卷，利用 BL 模型和 ML 模型构建了 VOSL 评价模型，提出了利用 Monte Carlo 仿真算法标定 ML 模型的思路，并对评价模型进行了比较研究。研究结果表明：将意愿选择法与正交实验法相结合设计调查问卷，能够大大提高调查效率，使调查数据更为精准；基于 ML 模型构建的 VOSL 评价模型精确性更高、灵活性更强，并且能够形象地揭示出统计生命价值的变化规律，即服从对数正态分布。从理论方面层面：将意愿选择法与正交实验法相结合的调查问卷设计，拓展了道路交通统计生命价值的评价思路；基于 ML 模型的 VOSL 评价模型的构建为道路交通统计生命价值提供了更为可靠的评价模型。

　　本书的调查对象仅限于私家车出行者，未来研究方向可以针对行人、乘客、公交司机等其他道路交通参与者，并深入分析不同类型出行者统计生命价值的异同；本书调查样本仅限于大连地区，未来研究方向是利用离散选择模型可移植性较高的特点，结合地区交通与经济特点，在其他地区开展统计生命价值的评价研究，从而分析地区间经济、文化差异对统计生命价值的影响。最后，建议进一步深入分析我国民众的生命价值观与西方国家的区别，从而建立具有我国价值观特点的统计生命价值评价方法体系。

目　录
CONTENTS

┃第一章┃
绪　　论

第一节　问题的提出

一、研究背景

自 1886 年汽车问世以来，道路交通事故就一直困扰着世界各国，道路交通安全状况也越来越受到各国重视。据世界卫生组织报告：全球每天大约有 1.6 万人死于各种意外伤害，其中道路交通事故造成的死亡人数每年超过 130 万人，占总死亡人数的 20% 以上。世界卫生组织已发出警告：如不采取紧急行动，到 2030 年道路交通事故将成为人类第五大死亡原因。2010 年 3 月 2 日联合国大会通过决议，宣布 2011～2020 年为"道路安全行动 10 年"，目标是通过全球共同行动，减少因道路交通事故造成的人身伤亡。

我国是世界上道路交通事故发生最严重的国家之一。20 世纪五六十年代，我国道路交通事故死亡人数为每年几千人，70 年代末增至 2 万多人，80 年代末增至 5 万多人，90 年代年均死亡人数迅速上升，至 2002 年达到顶峰。2003 年，我国政府颁布并实施了《道路交通安全法》，同年国务院批复同意建立了全国道路交通安全工作部际联席会议制度，从此，我国道路交通安全形势开始好转。从 2002～2015 年，在全国上下的共同努力下，我国道路交通

事故在事故次数、死亡人数、受伤人数以及经济损失等方面分别以年均
5.4%、3.4%、4.6%和4.9%的速度逐步下降（如表1-1所示）。

表1-1　　　　　　　　2000~2016年我国道路交通事故统计

年份	交通事故数（万起）	死亡人数（人）	受伤人数（人）	直接经济损失（亿元）
2000	61.7	93 853	418 721	26.7
2001	75.5	105 930	546 485	30.9
2002	77.3	109 381	562 074	33.2
2003	66.7	104 372	494 174	33.7
2004	51.8	107 077	480 864	23.9
2005	45.0	98 738	469 911	18.8
2006	37.9	89 455	431 139	14.9
2007	32.7	81 649	380 442	12.0
2008	26.5	73 484	304 919	10.1
2009	23.8	67 759	275 125	9.1
2010	21.9	65 225	254 075	9.3
2011	21.1	62 387	237 421	10.8
2012	20.4	59 997	224 327	11.7
2013	19.8	58 539	213 724	10.4
2014	19.7	58 523	221 882	10.8
2015	18.8	58 022	199 880	10.4
2016	21.3	63 093	226 430	12.1

资料来源：《中国交通年鉴》。

尽管我国道路交通安全状况有所缓解，但与日本、欧美等发达国家相比，我国道路交通安全形势仍十分严峻，道路交通事故死亡人数一直居世界之首。从2011年万车死亡率（人/万车）上看，日本是0.77，英国是1.1，澳大利亚是1.17，加拿大是1.2，法国是1.59，美国是1.77，而我国是6.2，远远高于其他国家（如图1-1所示）。据《道路交通运输安全发展报告（2017）》相关数据显示，我国道路交通事故万车死亡率为2.14。由此可见，改善道路

交通安全状况，降低道路交通事故发生率和死亡人数是交通安全领域一项长期而艰巨的任务。

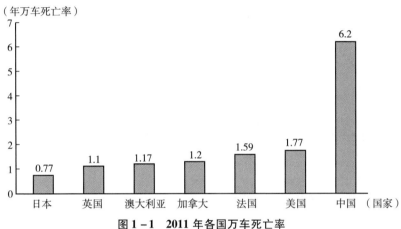

图 1-1　2011 年各国万车死亡率

为了改善道路交通安全状况，政府需要从长远角度出发，大量投资道路交通安全项目从车、人、路和环境等方面进行监督和控制。但由于政府资源有限，不可能对道路交通安全项目进行盲目投资。为保证项目投资掷地有声、项目实施切实有效，对道路交通安全项目进行科学合理的评价尤为重要。目前，国内外普遍采用成本效益分析法（cost-benefit analysis）对道路交通安全项目进行评价。道路交通安全项目的效益体现在道路交通事故风险降低带来的经济效益，包括致命事故风险降低挽救的人的生命价值以及非致命事故风险降低节省的伤残费用和减少的财产损失，其中如何科学合理的评价致命事故风险降低挽救的人的生命价值是学术界和政府非常关注和一直探讨的难题。

对于"人的生命价值"的量化评估主要基于两大理论方法，一是 20 世纪 50 年代初至 60 年代末盛行的人力资本法（HC：human capital approach），二是 70 年代初至今盛行的支付意愿法（WTP：willingness to pay approach）。人力资本法的观点认为人的生命价值是个人对社会财富的创造，即个人在未来预期年份（如果没有死亡）实际净收入的现值之和，强调的是对个体生命赋值。但由于人力资本法自身的局限性以及与成本效益分析经济原则相悖离，70 年代初许多经济学家对此提出质疑，并认为评估人的生命价值应当遵循支付意愿的原则，由此支付意愿法取代人力资本法被广泛研究与应用。支付意愿法的思想认为人的生命价值取决于人们对死亡风险降低的支付意愿，是站在统计学的角度衡量人的生命价值，即统计生命价值。目前支付意愿法已取代人力资本法成为衡量人的生命价值的主要方法，统计生命价值衡量人的生命价值已被大多数经济学家认可，成为衡量死亡风险降低挽救的人的生命价值的重要指标，并且应用于许多安全领域或风险背景，如生态环境、职业安全、疾病健康、公共安全及交通安全等领域。

道路交通统计生命价值是以道路交通安全为风险背景，衡量道路交通死亡风险降低挽救的人的生命价值，现已成为道路交通安全项目成本效益评价中必不可缺的基础数据，并在欧美等许多发达国家和一些发展中国家广泛研究和应用。道路交通统计生命价值的研究覆盖面非常广泛，通过文献综述研究发现，其研究主题主要集中在影响因素分析、评价方法研究和评价模型研究上。通过对上述三大主题的研究成果分析，发现道路交通统计生命价值的影响因素主要集中在定性分析和基于线性回归模型的定量分析，对于影响因素之间的相互关系以及如何影响统计生命价值的深入分析不足。对于道路交通统计生命价值的评价方法，目前以条件价值法和意愿选择法为主，但是存在假设偏差和数据偏差等局限需要进一步改进。对于道路交通统计生命价值的评价模型，以线性回归模型和离散选择模型为主，但其精确性及评价结果合理性都存在进一步提高的空间。通过文献综述研究发现，目前道路交通统计生命价值的影响因素有待进一步深入剖析，评价方法和评价模型有待改进和修正。

基于上述现实背景和方法应用背景，提出本书的两大研究问题：一是道路交通统计生命价值的形成机理研究；二是道路交通统计生命价值的评价方法与评价模型研究。

二、研究意义

道路交通安全系统由车辆、人员、道路及环境三要素构成。道路交通安全项目包括如何提高车辆安全性、如何提高人员技术水平和提升人员安全意识以及如何改善道路基础设施及周边环境，其受益对象是道路交通行为参与者，包括客货车驾驶员、私家车驾驶员、乘客及行人。本书以私家者驾驶员为研究对象，提出道路交通统计生命价值形成机理的理论框架及评价模型，并在大连地区实施问卷调查收集数据，从而通过实证研究验证理论框架及评价模型。

本书研究的现实意义体现在三个方面：一是道路交通统计生命价值评价模型可以通过模型移植技术应用到其他驾驶员、乘客、行人等出行者，也可应用到其他城市乃至全国范围，其评估结果可以为政府选择行之有效的道路交通安全项目提供可靠的决策依据，使政府在现有资源下最大限度地改善道路交通安全。二是道路交通统计生命价值可以用来计算道路交通事故成本，能够拓展和丰富目前我国交通事故成本构成的内容。三是道路交通统计生命价值可以应用到道路交通事故保险领域，为道路交通致命事故赔偿标准的制定与划分提供理论依据。

本书研究的理论意义体现在两个层面：一是理论方法层面，将交通工程、管理学、经济学、统计学、数学等学科的理论方法相融合，为道路交通统计生命价值的评价构建了一套较为完善的理论体系。具体体现在：将计划行为理论与利他行为理论相结合，分析了道路交通统计生命价值的形成机理；将条件价值法与确定性校准法相结合，将意愿选择法和正交试验法相结合，进行了道路交通统计生命价值的评价研究。二是模型研究层面，将离散选择模型进行改进和修正，完成了实证研究和比较研究，为道路交通统计生命价值的评价提出了更为精确、合理的模型，从而拓展了评价思路。具体体现在：利用离散选择模型中的 MNL（multinominal logit）模型构建了单边界二分式、双边界二分式和三边界二分式 VOSL（value of a statistical life）评价模型，并通过比较分析指出三边界二分式 VOSL 模型精确性更高；利用离散选择模型中的 BL（binary logit）模型和 ML（mixed logit）模型构建了 VOSL 评价模型，并通过比较分析指出基于 ML 模型的 VOSL 评价模型精确性及灵活性更高。

第二节　研究目标与研究方法

一、研究目的

本书从城市内私家车出行者的视角分析道路交通安全支付意愿的影响因

素，进而分析道路交通统计生命价值的形成机理，并以此为基础提出基于条件价值法和意愿选择法的道路交通统计生命价值评价思路，利用离散选择模型的 MNL 模型、BL 模型和 ML 模型构建道路交通统计生命价值评价模型，最后借助 GAUSS 软件和 Monte Carlo 仿真算法对道路交通统计生命价值进行评估。本书希望达成三大目标：

1. 深入分析道路交通统计生命价值的形成机理

以道路交通安全支付意愿的影响因素分析为前提，以计划行为理论为基础，提出道路交通安全支付意愿形成的理论框架；通过交通意向调查收集研究数据，利用结构方程模型对理论框架进行实证检验，从而获得道路交通统计生命价值的形成机理模型。该模型揭示了道路交通统计生命价值影响因素之间的关系以及如何作用于统计生命价值。

2. 提出更为合理的道路交通统计生命价值评价模型

基于条件价值法和意愿选择法两大方法，利用离散选择模型提出道路交通统计生命价值的评价模型，并通过交通意向调查获取数据进行实证检验和比较分析，从而提出更为合理的统计生命价值评价模型。首先，基于条件价值法，利用离散选择模型中的 MNL 模型，构建单边界、双边界和三边界二分式 VOSL 评价模型，并通过比较分析获得精确性更高的评价模型。其次，基于意愿选择法，利用离散选择模型中的 BL 模型和 ML 模型构建 VOSL 评价模型，并通过比较分析获得精确性更高、灵活性更强的评价模型。

3. 获得大连市私家车出行者的统计生命价值评估值

以交通意向调查数据为基础，利用 GAUSS9.0 软件对已构建的评价模型进行标定和检验，从而获得统计生命价值评估值。其中，基于 ML 模型的 VOSL 评价模型，利用 Monte Carlo 仿真算法模拟统计生命价值的分布，从而获得统计生命价值的评估值。通过评估值之间的对比分析及与现实的比较分析，最终获得更为合理的统计生命价值评估值，旨在为政府决策提供依据。

二、研究方法

本书遵循规范研究与实证研究相结合的基本原则，采取定性研究与定量研究相结合的研究方案。对于本书的主要研究内容，首先基于文献研究法，通过全面、系统的理论研究选择并构建理论框架或模型；其次通过调查研究法，设计并实施交通意向调查，依此获取研究数据；最后通过实证研究法，进行模型标定与检验，从而进一步论证理论框架或模型。研究方法具体概括如下：

1. 文献研究法

在收集汇总国内外相关文献的基础之上，分析 1995～2011 年间道路交通统计生命价值的研究特征，并提出道路交通统计生命价值的三大研究主题；从评价方法、评价模型和影响因素三大研究主题入手，总结道路交通统计生命价值的研究成果，并提出现有研究存在的不足。在本书各章的具体内容研究中，首先对相关领域的研究成果进行综述，再通过分析推演、提炼整合进行理论论证，从而提出各章相应的理论框架和数学模型。

2. 调查研究法

调查研究是交通研究领域的关键性环节，是获得交通意向数据的重要手段，包括调查问卷设计、调查数据采集、调查数据处理与分析以及实证结果分析等一整套流程。本书第三章、第四章和第五章都涉及问卷调查，均以大连市私家车出行者为调查对象。首先，以已有研究为基础，结合专家和被调查者访谈结果以及预调查修订等环节，设计正式的调查问卷；其次，以大型购物中心顾客、大型居民小区居民、大企业以及学校工作人员为问卷发放对象进行随机抽样，以调查员面试和企业访问为调查方式进行数据采集；再其次，利用 AMOS18.0 和 GAUSS9.0 等统计软件对有效数据进行统计分析；最后，利用统计分析结果对理论假设和模型进行讨论和总结。

3. 模型构建法

模型构建法是通过构建模型来研究、揭示原型的形态、特征和本质的逻辑方法，其中模型包括物理模型、数学模型和概念模型。本书第三章利用结构方程模型，构建了道路交通统计生命价值形成机理的概念模型，并对概念模型进行估计、评价和修正。第四章利用 MNL 模型，构建了道路交通统计生命价值评价的数学模型，包括单边界、双边界和三边界二分式 VOSL 评价模型，并对模型进行标定、检验和比较分析。第五章利用 BL 模型和 ML 模型，构建了道路交通统计生命价值评价的数学模型，并对模型进行了标定、检验和比较分析。

4. 实证研究法

实证研究法是指利用数量分析技术，分析和确定有关因素间相互作用方式和数量关系的研究方法。本书第三章以调查研究获得的数据为基础，利用 AMOS18.0 软件对构建的概念模型进行估计和评价，从而对模型进行了验证和修正。第四章和第五章同样以调查研究获得的数据为基础，利用 GAUSS9.0 软件和 Monte Carlo 仿真算法对构建的评价模型进行了标定和检验，从而验证了评价模型。

三、技术路线

本书撰写的总体技术路线由三部分构成：一是提出研究问题和研究目标；二是国内外研究综述；三是具体问题研究。具体问题研究包括道路交通统计生命价值形成机理研究，以此为基础分别展开的基于条件价值法（CVM：contingent valuation method）和意愿选择法（SCM：stated choice method）的道路交通统计生命价值评价研究。各具体问题研究的技术路线包括文献综述、理论研究、问卷设计与调查实施、模型构建与标定以及结果分析与讨论。具体技术路线图如图 1-2 所示。

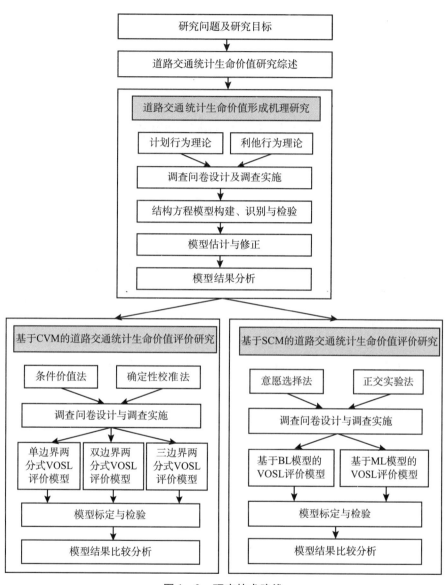

图 1-2 研究技术路线

| 第二章 |
道路交通统计生命价值研究综述

统计生命价值自概念提出（1968 年）在许多安全领域都有所研究和应用，在道路交通安全领域的研究起始于英国（1974 年），之后被美国、奥地利、新西兰、瑞典、法国、挪威、加拿大、瑞士、荷兰、智利、印度、泰国、马来西亚等国家广泛研究和应用。目前国外对道路交通统计生命价值的研究已有 40 余年的历史，其间提出许多评估方法并取得一定研究成果；我国从 2007 年开始涉足相关领域的研究，研究时间较短并且研究文献非常有限。本章将从道路交通统计生命价值的概念与内涵、研究对象、研究特征、研究成果和研究进展五个方面对道路交通统计生命价值的研究进行综合评述。

第一节　道路交通统计生命价值的含义

一、统计生命价值概念及内涵

统计生命价值（VOSL：value of a statistical life）的概念最早由美国学者提出：指"人们的支付意愿（WTP：willingness to pay）与死亡风险降低的边际替代率的平均值，或者接受赔偿意愿（WTA：willingness to accept）与死亡风险增加的边际替代率的平均值"（Schelling，1968）。意愿支付与死亡风险降低的边际替代率是指死亡风险降低 1 单位时人们的意愿支付；意愿接受赔偿与死亡风险增加的边际替代率是指死亡风险增加 1 单位时人们的意愿接受赔偿，此边际替代率统称为风险价值边际替代率（MRS：marginal rate of substitute）。

统计生命价值不是评估某个具体人的生命价值，而是站在一群人的角度上衡量人们对"死亡概率降低"的价值的平均值，即"统计学意义上的生命价值"。假设有一个包含 n 个人的群体，第 i（i = 1，2，…，n）个人对于死亡风险降低 ΔR_i 的意愿支付为 WTP_i，则第 i 个人的风险价值边际替代率为 $MRS_i = \dfrac{WTP_i}{\Delta R_i}$，那么此群体的统计生命价值为 $VOSL = \sum\limits_{i=1}^{n} MRS_i / n = \sum\limits_{i=1}^{n} \dfrac{WTP_i}{\Delta R_i} / n$。比如有一个 1 000 人群体，每人为降低 $\dfrac{1}{1\,000}$ 的死亡风险意愿支付 500 元，那么这个群体的统计生命价值为 $500 / \left(\dfrac{1}{1\,000}\right) = 50$ 万元。

统计生命价值衡量的是死亡风险与价值的关系，任何涉及死亡风险的决策，无论是私人决策还是公共决策，都存在一个统计生命价值。以私人决策为例：若每年甲肝死亡率为 2/10 000，接种甲肝疫苗可以避免感染甲肝病毒从而避免死亡，而疫苗接种费用为 400 元，那么愿意接种的人群统计生命价值在 $400 / \left(\dfrac{2}{10\,000}\right) = 200$ 万元以上。以公共决策为例：假设 5 000 人的居民小区丢失了一个下水井盖使居民增加了每年 $\dfrac{1}{5\,000}$ 的死亡风险，而每年支付 200 元修复井盖可以完全消除此死亡风险，那么如果此项措施被实施，则表明公共管理部门认为的小区居民的统计生命价值在 $200 / \left(\dfrac{1}{5\,000}\right) = 100$ 万元以上。

二、统计生命价值的应用范围

统计生命价值是对人的生命安全赋予的价值，自其概念提出后在生态环境、职业安全、疾病健康、公共安全及交通安全等各大安全领域被广泛关注和研究。由于不同安全领域的风险特征不同，因此基于不同风险的统计生命价值具有各自的特点，其研究对象也有所差异。

1. 以生态环境为背景

以生态环境为背景的统计生命价值主要是评价水污染、大气污染、噪声污染或放射性污染水平降低时人们的意愿支付。瑞典学者针对住宅区氡气辐射的风险进行了统计生命价值的评估（Soderqvist，1994）；泰国学者在曼谷就空气污染导致的死亡风险的降低进行支付意愿调查，得出统计生命价值为74 万 ~ 132 万美元（Vassanadumrongdee，2005）；美国学者针对在中国北京和安庆提升空气质量进行支付意愿调查，获得统计生命价值评估值为 4 000 ~ 17 000 美元（Hammitt et al.，2006）；曾贤刚等（2010）评估了我国空气污染健康损失中的统计生命价值为 100 万元人民币；徐晓程等（2013）评估我国大气污染相关统计生命价值约为 86 万元，城镇约为 159 万元，农村约为 32 万元；中国学者评估了长三角地区 PM2.5 造成的死亡风险（Wang Jiandong et al.，2015）；中国学者评估了珠江三角洲地区的健康和环境污染成本（Lu Xingcheng et al.，2016）。

2. 以职业安全为背景

以职业安全为背景的统计生命价值主要是针对从事风险性职业的人员（如煤矿工人，高空作业人员、石油化工工人、警察等），评价他们面临从业风险水平增高时的意愿接受赔偿水平。英国学者利用英国劳动力市场数据，估算统计生命价值为 350 万美元（Marin，1982）；加拿大学者利用加拿大劳动力市场的数据，得出统计生命价值约为 1 800 万 ~ 2 000 万美元（Lanoie et al.，1995）；韩国学者利用韩国劳动力市场数据，估计统计生命价值为 50 万美元（Kim et al.，1999）；印度学者得出印度南部地区制造业蓝领男雇员的统计生命价值为 76 万 ~ 102.6 万美元（Shanmugam，2000）；美国学者对来自 10 个国家的 60 多个相关研究进行综述，半数以上文献利用美国劳动力市场的数据得到统计生命经济价值为 500 万 ~ 1 200 万美元（Viscusi and Aldy，2003）；钱永坤（2011）对中国煤矿工人的统计生命价值进行研究，统计生命价值评估值约为 212 万元。

3. 以疾病健康为背景

以疾病健康为背景的统计生命价值指当某种药物、疫苗或某种医疗手段能治愈疾病避免死亡时，人们的平均支付意愿。目前，学者们针对胃癌风险背景下人们的支付意愿评估统计生命价值（Savage，1993）；针对不同疾病类型与潜伏期对生命价值的影响进行了研究，结果表明基于致命癌症风险的统计生命价值是基于其他相似退化疾病风险的统计生命价值的1.5倍（Hammitt et al.，2004）；基于癌症风险对意大利和捷克居民的统计生命价值进行了评价研究（Alberini et al.，2011）；针对造成癌症的死亡风险对中国丹阳、六盘水和天津地区的统计生命价值进行评估，评估值在24万~41万美元（Wang-Hua et al.，2014）；针对珠江三角洲地区人口进行了健康评估（Lu Xingcheng et al.，2015）。

4. 以公共安全为背景

以公共安全为背景的统计生命价值指人们对火灾、地震、台风等灾害及公共场所公共设施隐患导致的死亡风险降低的平均支付意愿。目前，学者们针对火灾风险的降低评估了人们的平均支付意愿（Chilton et al.，2002）；针对火灾风险降低评估了瑞典人的统计生命价值约为220万美元（Carlsson et al.，2010）。

5. 以交通安全为背景

以交通安全为背景的统计生命价值指交通死亡事故率降低时交通参与者的意愿支付，此交通安全背景主要包括航空、海运、铁路交通、轨道交通、地下交通以及道路交通安全。学者们针对航空事故风险和道路交通风险评估了人们的支付意愿，指出其支付意愿水平主要受个人暴露于风险的程度影响（McDaniels et al.，1992），并受许多心理因素影响（Savage，1993）；英国学者在伦敦评估了人们对地铁风险和道路交通风险降低的支付意愿，评估结果是前者比后者高0.5倍（Jones - Lee et al.，1995）；针对铁路交通风险评估了人们的支付意愿（Chilton et al.，2002；Covey et al.，2010）；利用世界各国共26项研究数据评估了航空风险下的统计生命价值为437万美元，是道路交通风险下统计生命价值（243万美元）的1.7倍（Dekker et al.，2011）；针对南京地区的道路交通安全，评估统计生命价值约为107万美元（ZhaoY-ang et al.，2016）。

三、道路交通统计生命价值的内涵

道路交通统计生命价值是以道路交通安全为背景，用于衡量死于道路交通事故的人的生命价值。这里需要强调两个概念：一是道路交通事故；二是道路交通安全。

1. 道路交通事故

（1）道路交通事故的定义。道路指供各种无轨车辆和行人通行的基础设施，包括城市道路、公路、厂矿道路、林区道路及乡村道路等。道路交通专指路面交通，不包括地铁、轻轨等轨道交通，也不包括飞机和轮船等其他交通方式。道路交通事故是在道路上所发生的意料不到的有害的或危险的事件。日本对道路交通事故的定义为"车辆在道路交通中所引起的人的伤亡或物品的损坏"；加拿大的定义为"发生在道路上的，涉及至少一辆车并导致一人及一人以上伤亡或财产损失超过一定数额的交通碰撞"；德国和英国的定义为"发生在道路上，涉及至少一辆车辆，并造成人身伤亡或财产损失的事件"。我国《中华人民共和国道路交通安全法》对道路交通事故的定义为：车辆在道路上因过错或者意外造成的人身伤亡或者财产损失的事件，这里的道路交通事故不仅可以由人员违反交通管理法规的"过错"造成，还可以由地震、台风、山洪、雷击等不可抗拒的自然灾害或"意外"造成。另外，道路交通事故必须有车辆参与，如果当事各方均不涉及车辆，则不认为是道路交通事故，如行人之间碰撞造成的人身伤亡。

（2）道路交通事故的特点。道路交通事故具有随机性、突发性、频发性和不可逆性四大特点。由于道路交通事故是由多种因素共同作用或者互相引发的结果，而这一过程是不可预知且没有规律的，因此交通事故的产生是随机的。由于道路交通事故的发生是随机的，没有征兆的，驾驶员从感知事故到采取措施的过程非常短暂，驾驶员反映不正确或者不准确或者操作不当都会导致交通事故的发生，因此道路交通事故具有突发性和频发性的特征。道路交通事故是多种因素造成的结果，是不可复制不可重现的，交通事故的产生过程也是不可逆的。

（3）道路交通事故的分类。按照道路交通事故的后果分类：轻微事故是指一次造成轻伤 1~2 人，机动车事故财产损失 1 000 元或者非机动车事故财产损失 200 元的事故；一般事故是指一次造成重伤 1~2 人或者轻伤 3 人以上，或者财产损失不足 3 万元的事故；重大事故是指造成死亡 1~2 人或者重伤 3~10 人，或者财产损失 3 万~6 万元的事故；特大事故是指一次造成死亡 3 人以上或者重伤 11 人以上，或者死亡 1 人同时重伤 8 人以上，或者死亡 2 人同时重伤 5 人以上，或者财产损失 6 万元以上的事故。按照道路交通事故的对象分类，分为车辆间交通事故、车辆与行人间交通事故、机动车对非机动车的交通事故、车辆翻车或坠桥等车辆单独事故，以及车辆对护栏或交通标志杆等固定物的事故。

2. 道路交通安全

（1）道路交通安全的定义。道路交通安全是针对人、车、道路环境三个要素，实施法律法规、工程技术、宣传教育等手段，采取事故前的预防对策、事故中的降低损伤对策和事故后的挽救对策，避免发生人身伤亡或财产损失的过程。其中，三要素中的人指的是驾驶员；车辆既有机动车又有自行车和其他非机动车；对道路的要求是：道路线性和交通标志标线等道路交通设施在物理、力学要求等方面满足车辆要求，不至于使车辆发生滑移、倾覆等事故。三个手段中的法律法规指执法管理，包括制定和执行交通法规、制定驾驶员甄选标准、拟定车辆检验标准、限制车速等；工程技术指工程措施，包括改进车辆设计、改善道路设计、修建安全设施等；宣传教育包括学校教育和社会教育，从专业技术知识、守法思想、职业道德和交通安全等方面进行教育。

（2）道路交通安全的特点。道路交通安全具有相对性的特点，从三个方面理解：一是道路交通的绝对安全是不存在的，人们不可能把道路交通事故的发生率降低为零；二是道路交通安全的标准是相对的；三是人们对交通安全的认识是相对的。

（3）道路交通安全的因素。道路因素对道路交通安全的影响包括道路线形设计要素（平面、纵断面、横断面和平纵线性组合）、视距、交叉口（平面交叉和立体交叉）等。人的因素包括机动车驾驶员、行人和非机动车驾驶员因素，其中机动车驾驶员的不安全行为对道路交通安全的影响最大。机动车驾驶员的不安全行为包括疲劳驾车、酒后驾车、无证驾车、超速超载、违法超车等有意不安全行为，以及视力较差、听觉失常、注意力不集中、反应时间过长、操作不符合规定、驾驶技术不熟练和心理素质较差等无意的不安全行为。车辆因素对道路交通安全的影响包括车辆制动器失效或制动效果不佳、转向系统失控、机件失灵灯光失效、驾驶视野条件不清、轮胎爆胎等原因。

（4）道路交通安全系统。道路交通安全系统是由人、车辆、道路环境和管理等多个子系统构成的一个动态的、复杂的开放系统。在"人—车—路"组成的动态系统中，"人"是中心，"路"是基础，"车"是纽带，三者在交通安全系统中都至关重要。对道路交通安全系统的研究包括交通系统安全分析、交通系统安全评价和交通系统安全管理三个方面内容，其中交通系统安全分析是核心，是交通系统安全评价的基础；交通安全系统评价是拟定交通安全对策的依据；交通系统安全管理交通系统安全的保障。

（5）道路交通安全项目。道路交通安全项目是指基于道路交通安全系统，如何提高车辆安全性、如何提高人员技术水平和提升人员安全意识以及如何改善道路基础设施及周边环境的对策和措施。鉴于道路交通安全的相对性，实施道路交通安全项目是非常必要的；鉴于政府资源有限，对道路交通安全项目的经济评价也是十分必要的。

道路交通统计生命价值是道路交通安全项目经济效益评价的重要指标，是衡量基于人、车辆、道路环境等道路交通安全项目实施时带来的道路交通致命风险降低人们的平均支付意愿，这里的"人们"既包括道路交通参与者，即司机、乘客和行人，也包括道路交通安全政策制定和项目实施的决策者。

第二节　道路交通统计生命价值的研究对象

道路交通统计生命价值的研究对象有两种分类方法：一是按照道路交通安全项目的种类；二是按照交通行为参与者的种类。

一、按照道路交通安全项目种类划分

1. 以车辆安全产品为研究对象

以车辆安全产品为研究对象，评价的是配备可使死亡风险降低的车辆安全产品时被调查者愿意支付多少钱来购买。车辆安全产品包括各类机动车灯具、车身反光标识、防抱制动装置、汽车安全带、货车及挂车侧面及后下部防护装置、机动车用屯角警告标志牌、汽车行驶记录仪、汽车轮胎气压温度报警系统、汽车防盗报警器、安全帽以及其他在研产品等。

2. 以能够监督检测人员技术水平和安全意识的产品或项目为研究对象

以能够监督检测人员技术水平和安全意识的产品或项目为研究对象，评价的是配备此类安全产品或实施此类安全项目被调查者愿意支付多少费用。人的不安全因素包括驾驶员疲劳、饮酒、吸烟、药物等以及行人和骑车人不当行为等。相关安全产品包括呼出气体酒精含量探测器、闯红灯自动记录系统、公路车辆智能监测记录系统、移动测速装置、雷达测速枪、车辆拦截器、机动车驾驶人路考系统、机动车驾驶人桩考系统以及其他在研产品等；相关安全项目包括配备人员检查酒后驾车、设置广告专栏提醒避免酒后驾车、配备人员检查"绿灯跟进"行为等。

3. 以能够改善道路及环境的安全产品或项目为研究对象

以能够改善道路及环境的安全产品或项目为研究对象，评价的是安装此类产品或实施此类项目被调查者愿意支付的费用。改善道路及环境的安全产品或项目包括配备交通标志板、交通标线、突起路标、道路轮廓标、隔离护栏、橡胶减速垄、道路防撞墩、道路交通信号灯、道路交通信号控制机、道路交通信号倒计时显示器、道路交通危险警示灯、太阳能闪光警告信号灯、角锥回复反射诱导器以及修建天桥或地下通道等。

二、按照道路交通行为参与者种类划分

1. 车辆所有者或驾驶员

当研究被调查者对车辆安全产品的支付意愿时，被调查者主要是私家车以及客、货车所有者或驾驶员。以私家车以及客、货车驾驶员为研究对象，属于私人决策；以客、货车所有者为研究对象，属于公共决策。目前许多实证研究以私家车所有者或驾驶员作为研究对象，评价其对车辆安全产品的支付意愿。对于改善道路及环境的安全产品或项目，也可以驾驶员为研究对象，此类决策属于私人决策。目前一些实证研究针对驾驶员是否愿意选择一条安全的收费路来评估统计生命价值。

2. 乘客或行人

当研究被调查者对车辆安全产品的支付意愿时，被调查者可以是乘客，此类决策属于私人决策。一些实证研究以乘客为研究对象，调查他们是否愿意花费一定金额来选取更安全的交通工具出行或者是否愿意购买安全帽等。对于改善道路及环境的安全产品或项目，一些实证研究以行人为研究对象，调查他们是否愿意多花费一定金额来选取更安全的路（天桥、地下通道或横穿马路）通行，此类决策属于私人决策。

3. 相关决策人员

对于能够监督检测人员技术水平和安全意识的产品或项目，研究对象主要是道路交通安全管理相关部门的决策人员，此类决策属于公共决策。目前有许多实证研究针对控制超速的安全产品和安全项目进行统计生命价值的评估。对于改善道路及环境的安全产品或项目，研究对象也可以是道路交通安全管理相关部门的决策人员，调查他们是否愿意支付一定费用来配备这些安全产品，此类决策属于公共决策。

第三节　道路交通统计生命价值的研究特征

1995 年至今是道路交通统计生命价值研究的发展阶段，其中贡献较大的主要有学者对不同国家职业安全背景下和交通安全背景下的 80 个统计生命价值样本进行的综合比较分析（Elvik，1995），对来自 13 个国家各个安全领域的 68 个统计生命价值样本做的综合比较分析（Miller，2000），以及对1990~2001 年 30 项研究的 95 个道路交通统计生命价值样本进行的元分析（de Blaeij，2003）。随着道路交通统计生命价值研究成果的不断涌现，不同学科背景的学者从不同角度揭示了道路交通统计生命价值的特点和规律，为构建其学科研究框架奠定了重要基础，但至今未能形成一个系统性的理论框架。本书借助元分析方法对 1995~2011 年间 18 种国内外核心期刊或会议上刊登的有关道路交通统计生命价值的论文进行分析，依据国内外同类研究的分析体系并借鉴仲秋雁等对知识管理研究特征的分析维度，从研究主题、参考学科、研究方法和研究层次 4 个维度描述道路交通统计生命价值的研究现状，并揭示其研究特征。

元分析是指对同类研究中相互独立的多个研究成果进行统计分析，剖析不同研究之间的差异特征，从而综合评价研究成果。该方法能够较客观的依据统计学原理进行定性和定量分析，兼容相互矛盾的统计分析结果并得到综合性结论，与传统的理论综述形成互补。元分析能发现以往研究的不足，揭示单个研究中存在的不确定性，提出新的研究方向，在西方已被广泛应用于多个领域。元分析研究的基础是文献选择，本书利用 EBSCO、Elsevier、Spring - Ling 和 Cnki 等数据库，选出在国际上具有影响力的 15 种国际核心期刊、1 种国际会议和 2 种国内核心期刊作为备选期刊（如表 2 - 1 所示），以 "the value of a statistical life" 和 "road traffic" 或 "road safety" 为关键词进行文献检索，最后通过筛选 202 篇道路交通统计生命价值论文作为元分析的依据。

表2-1   元分析核心期刊与会议列表

序号	期刊或会议名称	序号	期刊或会议名称
1	《风险不确定性期刊》 (*Journal of Risk Uncertainty*)	10	《经济学快报》 (*Economics Letter*)
2	《事故分析与预防》 (*Accident Analysis and Prevention*)	11	《政策分析与管理期刊》 (*Journal of Policy Analysis and Management*)
3	《交通经济与政策》 (*Journal of Transport Economics and Policy*)	12	《经济学期刊》 (*Economics Journal*)
4	《经济与统计评论》 (*Review of Economics and Statistics*)	13	《管理科学》 (*Management Science*)
5	《交通研究》 (*Transportation Research*)	14	《当代经济政府》 (*Contemporary Economic Policy*)
6	《美国经济评论》 (*American Economic Review*)	15	《交通工程与控制》 (*Traffic Engineering and Control*)
7	《法律与经济期刊》 (*Journal of Law and Economics*)	16	《条件价值法—交通安全与生命价值》 (*Contingent Valuation, Transport Safety and the Value of Life*)
8	《政治经济学期刊》 (*Journal of Political Economics*)	17	《公路交通科技》
9	《经济学季刊》 (*Quarterly Journal of Economics*)	18	《交通信息与安全》

道路交通统计生命价值的相关论文在期刊中的分布如表2-2所示，其中 *Journal of Risk and Uncertainty* 和 *Accident and Prevention Analysis* 两种期刊刊登的论文最多。从统计结果来看，2002年开始相关论文数量明显增加，2008年开始我国开始涉足相关研究。

表2-2　道路交通统计生命价值论文在期刊中的分布统计

期刊序号	1995	1996	1997	1998	1999	2000	2001	2002	2003	2004	2005	2006	2007	2008	2009	2010	2011	总计	%
1	2	1	1	1	4	1	1	1	2	3	3	4	4	4	6	5	6	49	24.3
2	1	1	1	2	2	0	2	1	3	3	2	3	1	3	2	4	5	36	17.8
3	0	1	0	1	0	0	2	3	1	0	3	1	0	1	1	2	3	19	9.4
4	0	0	1	0	0	1	0	1	2	2	0	0	1	2	3	1	2	16	7.9
5	0	0	0	1	0	0	0	2	1	3	1	0	2	3	1	1	1	16	7.9
6	0	1	0	0	1	1	0	0	0	2	1	1	0	0	0	1	1	12	5.9
7	1	0	1	0	0	0	1	0	0	0	1	0	1	0	1	1	0	7	3.5
8	0	0	0	1	1	0	0	1	1	0	0	1	0	0	1	0	1	8	4.0
9	0	0	0	0	0	0	1	0	0	0	0	0	0	1	1	1	2	10	5.0
10	1	0	0	0	0	0	0	0	0	0	0	0	0	0	0	0	0	1	0.5
11	0	0	0	0	0	0	0	1	0	0	1	0	0	0	0	0	0	2	1.0
12	0	1	0	0	0	0	0	0	0	0	0	0	0	1	0	0	0	2	1.0
13	0	0	0	0	0	0	0	0	0	0	0	0	0	0	0	0	0	1	0.5
14	0	0	0	2	0	1	1	0	0	1	0	0	0	1	0	0	0	4	2.0
15	0	0	0	0	0	0	0	0	0	0	1	0	2	3	0	0	1	11	5.4
16	4	0	0	0	0	0	0	0	0	0	0	0	0	0	0	0	0	4	2.0
17	0	0	0	0	0	0	0	0	0	0	0	0	0	2	0	0	0	2	1.0
18	0	0	0	0	0	0	0	0	0	0	0	0	0	0	0	1	1	2	1.0
小计	9	5	7	8	9	6	8	11	12	14	12	10	11	23	17	17	23	202	100

一、研究主题特征分析

对于道路交通统计生命价值的研究主题，目前尚缺乏其分类标准和分类体系的研究。有些学者将其评价类别划分为：①评价对象，即驾驶员、行人、乘客和城市居民等道路交通参与者（Bhattacharya，2007）；②评价项目，即提高车辆安全性的项目、提高道路与环境安全的项目以及提升人员安全技术与安全意识的项目等。有的学者将其评价类别划分为：①评价方法，即行为调查法和意愿调查法；②评价模型，如 BL 模型和 ML 模型等（Rizzi et al.，2003）。有的学者将其理论类问题划分为：①定义和作用；②特点分析；③影响因素分析（de Blaeij，2003）。有些学者对不同国家的统计生命价值进行了比较研究（Miller，2000；Elvik，1995）；有的学者将道路交通统计生命价值与环境安全统计生命价值进行了比较研究（Vassanadumrongdee，2005）；有的学者对道路交通统计生命价值在交通事故成本核算中的应用进行了系统分析（Trawe'n，2002）。

借鉴上述研究成果并结合对道路交通统计生命价值论文内容的具体分析，本研究确定 4 类一级主题，分别为道路交通统计生命价值的内涵研究、道路交通统计生命价值的评价研究、道路交通统计生命价值的比较研究以及道路交通统计生命价值的应用研究，各一级主题包括若干二级主题（如表 2 – 3 所示）。

表 2 – 3　　　　　　　　道路交通统计生命价值研究主题分类

序号	一级主题	序号	二级主题
		1.1	道路交通统计生命价值的定义
		1.2	道路交通统计生命价值的作用
1.0	道路交通统计生命价值的内涵研究	1.3	道路交通统计生命价值的特点
		1.4	道路交通统计生命价值的影响因素
		1.5	道路交通统计生命价值的形成机理

续表

序号	一级主题	序号	二级主题
2.0	道路交通统计生命价值的评价研究	2.1	道路交通统计生命价值的评价对象
		2.2	道路交通统计生命价值的评价项目
		2.3	道路交通统计生命价值的评价方法
		2.4	道路交通统计生命价值的评价模型
3.0	道路交通统计生命价值的比较研究	3.1	道路交通统计生命价值在不同国家之间的比较
		3.2	道路交通统计生命价值与其他安全领域的比较
4.0	道路交通统计生命价值的应用研究	4.1	道路交通统计生命价值在政策决策中的应用
		4.2	道路交通统计生命价值在交通保险中的应用
		4.3	道路交通统计生命价值在成本核算中的应用

道路交通统计生命价值研究主题的分布情况如表 2-4 所示，其中内涵研究中的定义及作用主要分布在 1968 年与 1995 年之间，而在此研究期间没有涉及。从统计结果来看，评价方法（27.2%）、影响因素（20.3%）和评价模型（17.8%）研究是 3 类主要研究主题；作用机理研究于 2009 年以后才开始，是未来的研究方向。

二、参考学科特征分析

道路交通统计生命价值的参考学科是指为其研究提供理论基础的学科。道路交通统计生命价值作为新兴的研究领域，具有明显的跨学科性质。统计生命价值是对人的生命赋予价值，属于哲学范畴；它反映的是人们对死亡风险降低的意愿支付，遵循成本效益分析理论，涵盖心理学、经济学和统计学等学科领域；它作为交通安全政策决策中重要的评价指标，覆盖管理学和交通工程等学科领域；同时统计生命价值的评估需要进行社会调查，借助数学理论和计算机软件进行建模和求解，因此还覆盖社会学、数学和计算机科学等学科领域。综上，本节将道路交通统计生命价值的参考学科划分为 9 种：①哲学；②管理学；③经济学；④统计学；⑤心理学；⑥社会学；⑦交通工程；⑧数学；⑨计算机科学。

道路交通统计生命价值参考学科的分布情况如表 2-5 所示，排在首位的

表 2 - 4　　道路交通统计生命价值研究主题的分布统计

研究主题	1995	1996	1997	1998	1999	2000	2001	2002	2003	2004	2005	2006	2007	2008	2009	2010	2011	总计	%
特点分析	1	0	0	0	0	1	0	0	0	1	0	0	0	1	0	1	1	6	3.0
影响因素	0	2	2	1	1	1	2	3	2	3	3	2	1	4	4	4	6	41	20.3
作用机理	0	0	0	0	0	0	0	0	0	0	0	0	0	0	1	1	2	4	2.0
评价对象	0	0	0	0	0	0	1	0	0	0	0	1	1	2	0	1	2	8	4.0
评价项目	2	0	2	2	1	0	1	2	2	1	1	1	2	3	3	1	1	25	12.4
评价方法	4	2	3	3	4	3	3	2	4	3	3	2	3	4	4	3	5	55	27.2
评价模型	0	0	0	1	2	0	1	2	2	4	2	3	3	6	4	3	3	36	17.8
国家间比较	1	0	0	0	0	0	0	0	0	0	0	0	0	0	0	1	0	4	2.0
领域间比较	1	0	0	0	0	0	0	1	2	2	1	1	0	0	0	0	0	7	3.5
决策中应用	0	1	0	1	0	0	0	0	0	0	1	1	0	0	0	1	1	6	3.0
保险中应用	0	0	0	0	0	0	0	1	0	0	0	0	1	2	1	1	2	8	4.0
成本中应用	0	0	0	0	0	0	0	0	0	0	1	0	0	1	0	0	0	2	1.0
小计	8	5	7	8	9	6	8	11	12	14	12	10	11	23	17	17	23	202	100

表2-5 道路交通统计生命价值参考学科的分布统计

参考学科	1995	1996	1997	1998	1999	2000	2001	2002	2003	2004	2005	2006	2007	2008	2009	2010	2011	总计	%
哲学	1	0	0	0	0	0	0	0	0	1	1	0	0	1	0	0	0	4	2.0
管理学	2	1	2	1	1	2	1	2	2	1	3	3	2	3	4	3	4	37	18.3
经济学	1	0	0	1	1	1	1	1	1	1	1	0	0	2	1	1	1	14	6.9
统计学	1	1	2	2	2	1	1	1	1	2	2	1	2	4	3	2	3	31	15.3
心理学	0	0	0	0	1	0	0	0	0	1	0	0	1	2	2	3	2	13	6.4
社会学	2	1	2	1	2	1	1	2	1	3	1	1	1	3	1	2	3	28	13.9
交通工程学	2	2	1	2	1	1	2	3	3	2	2	1	2	5	3	3	4	39	19.3
数学	0	0	0	1	1	0	1	2	2	1	0	3	2	1	1	2	3	20	9.9
计算机科学	0	0	0	0	0	0	0	0	2	2	2	1	1	2	2	1	3	16	7.9
小计	9	5	7	8	9	6	8	11	12	14	12	10	11	23	17	17	23	202	100.0

是交通工程学（19.3%），主要研究交通安全领域的统计生命价值的评价；其次是管理学（18.3%），主要研究统计生命价值的影响因素及其在管理决策中的应用。统计学（15.3%）和社会学（13.9%）也是主要的基础学科，研究如何有效地利用社会调查，并利用统计学方法对调查数据进行分析。哲学是统计生命价值研究早期的学科基础；心理学在2007年以后比重加大，因为统计生命价值的形成机理研究逐渐展开；计算机科学在2003年以后开始应用，源于统计生命价值离散选择模型求解的需要。

三、研究方法特征分析

现有研究中缺乏对道路交通统计生命价值研究方法的分类体系，而其研究属于管理学领域的问题，因此借鉴管理学领域的研究方法，将其研究方法首先划分为两大类：实证研究和非实证研究/理论研究。

实证研究是建立在事实观测的基础上，通过一个或若干个具体事实或证据归纳出结论，一般包括实验研究和非实验研究，而非实验研究又包括统计调查研究、实地研究和无干扰研究，其中统计调查研究包括问卷法和访谈法，无干扰研究包括文本分析、现有统计数据分析和历史比较分析；理论研究则是从更高抽象层次的公理、定律、法则或学说出发，运用逻辑推理得出支持或否定假设的结果，但目前管理学和社会科学研究方法论的教材中很少讨论理论研究方法。综合以上分析，提出道路交通统计生命价值研究方法的分类体系，如表2-6所示。

表2-6　　　　　　　道路交通统计生命价值研究方法分类

实证研究	非实证研究/理论研究
实验研究	理论框架
非实验研究	概念综述
统计调查研究（问卷法/访谈法）	观点阐述
实地研究	工具、技术、方法或数学模型
无干扰研究（文本分析/现有统计数据分析/历史比较分析）	应用策略

道路交通统计生命价值研究方法的分布情况如表2-7所示，其中实证研

道路交通统计生命价值研究方法的分布统计

表 2－7

研究方法	1995	1996	1997	1998	1999	2000	2001	2002	2003	2004	2005	2006	2007	2008	2009	2010	2011	总计	%
调查研究	2	2	3	2	2	1	2	3	3	4	3	3	2	5	3	4	3	47	23.3
文本分析	0	0	0	0	1	0	1	0	1	1	0	0	0	2	2	0	2	10	5.0
现有数据分析	0	0	0	0	1	0	2	1	2	2	1	0	1	2	2	1	2	17	8.4
历史比较分析	1	0	0	0	1	1	0	0	1	1	1	0	0	0	0	1	0	4	2.0
实证研究	3	2	3	2	5	2	5	4	7	8	5	3	3	9	7	6	7	81	40.1
理论框架	0	0	0	0	0	1	0	0	0	0	0	0	0	0	0	0	0	1	0.5
概念综述	0	0	0	1	0	0	0	1	0	0	0	0	0	1	0	1	1	4	2.0
观点阐述	2	0	1	1	0	0	3	1	1	0	0	1	1	2	1	2	4	19	9.4
方法或数学模型	4	2	3	4	4	3	2	4	4	5	5	5	6	8	8	6	8	81	40.1
应用策略	0	1	0	1	0	0	0	1	0	0	2	1	1	3	1	2	3	16	7.9
理论研究	6	3	4	6	4	4	3	7	5	6	7	7	8	14	10	11	16	121	59.9
小计	9	5	7	8	9	6	8	11	12	14	12	10	11	23	17	17	23	202	100

究所占比例为 40.1%，理论研究所占比例为 59.9%。在实证研究中，统计调查研究所占比例最大（23.3%），主要研究调查问卷的设计、如何提高调查效率以及如何提高调查数据的真实性等，其次是现有数据分析（10.4%），实验研究和实地研究在此研究期间几乎没有。理论研究主要集中在方法和数学模型的研究（40.1%），其次是观点阐述（9.4%）和应用策略研究（7.9%），理论框架和概念综述研究在此研究期间较少。

四、分析层次特征分析

管理学研究中关注的层次主要包括五个层面，即个人、团队、组织、行业和国家。本研究借鉴钱岳芳等对电子政务分析层次的分类标准，并结合道路交通统计生命价值的研究特点，构建了四个分析层次（见表 2-8）：①微观层，站在交通运输企业、保险企业角度研究道路交通统计生命价值在保险中的应用；②中观层，站在交通行业的角度进行道路交通安全政策或项目的评价研究；③宏观层，站在国家角度研究道路交通事故成本的核算体系；④学科层，站在学术角度研究统计生命价值的内涵、研究现状及研究趋势等。由表 2-9 可见，道路交通统计生命价值的分析层主要集中在行业层（67.8%）和学科层（27.2%）。行业层主要体现在统计生命价值在交通运输行业评价、交通政策决策以及在不同行业间的比较研究；学科层主要体现在对统计生命价值特点、影响因素的研究；从企业层和国家层角度对统计生命价值的研究从近十年逐渐开始，研究成果很少。

表 2-8　　　　　　　　　道路交通统计生命价值分析层次分类

研究层次	内涵
学科层	统计生命价值内涵、现状、发展趋势研究
企业层（微观层）	在交通运输企业、保险企业中的应用研究
行业层（中观层）	道路交通安全政策或项目的评价研究
国家层（宏观层）	道路交通事故成本的核算体系研究

表 2 - 9 道路交通统计生命价值分析层次的分布统计

分析层次	1995	1996	1997	1998	1999	2000	2001	2002	2003	2004	2005	2006	2007	2008	2009	2010	2011	总计	%
学科层	2	2	2	1	2	3	2	3	2	4	3	2	1	5	5	7	9	55	27.2
企业层	0	0	0	0	0	0	0	1	0	0	0	0	1	2	1	1	2	8	4.0
行业层	7	3	5	7	7	3	6	7	10	10	8	8	9	15	11	9	12	137	67.8
国家层	0	0	0	0	0	0	0	0	0	0	1	0	0	1	0	0	0	2	1.0
小计	9	5	7	8	9	6	8	11	12	14	12	10	11	23	17	17	23	202	100.0

第四节　道路交通统计生命价值的研究成果

从第三节的元分析结果来看，道路交通统计生命价值的评价方法、评价模型和影响因素研究是三大主要研究主题，因此本节从这三个方面对道路交通统计生命价值的主要研究成果进行归纳总结。

一、道路交通统计生命价值的评价方法

尽管道路交通统计生命价值的研究对象有所不同，但是在进行统计生命价值评估时，其评价方法具有一定的通用性。目前，道路交通统计生命价值的评价方法是支付意愿法。支付意愿（WTP：willingness to pay）是起源于新古典经济学原理中用于衡量消费者剩余的指标。消费者剩余指的是消费者从购买中得到剩余的满足，等于消费者愿意支付的价格和实际支付的价格之差。对于处在竞争性市场环境中的物品或服务，市场价格能够反映支付意愿；对于不具有市场价格的物品或服务，则按照消费者支付意愿的原则间接估算其隐含价值。目前，支付意愿法广泛应用在环境、旅游、健康和交通等众多领域。在道路交通领域，支付意愿法在交通基础设施建设对环境影响的评价、道路交通安全的评价和出行时间的评估中以及交通服务费用等问题的研究中发挥着重要的作用。

支付意愿法分为行为调查法（RP：revealed preference）和意愿调查法（SP：stated preference）。行为调查法是通过考察人们与市场相关的实际行为来推断人们对物品或服务的偏好，从而估算物品与服务的经济价值；意愿调查法是利用调查问卷直接引导相关物品或服务的价值，所得价值依赖于构建（假想或模拟）市场和调查方案所描述的物品或服务的性质。在道路交通统计生命价值的评价中，行为调查法是通过观察人的实际行为得到死亡风险和费用的信息与数据，从而评估统计生命价值；意愿调查法是通过设计假设情景，利用调查问卷获得人们对安全的偏好，从而评估统计生命价值。行为调查法主要包括工资风险法和消费市场法；意愿调查法主要包括条件价值法和

意愿选择法。

1. 工资风险法

工资风险法（wage-risk）是利用劳动力市场中死亡风险大的职业工资高的现象，通过回归分析控制其他变量，找出工资差别的风险原因，进而估算统计生命价值。更确切地说工资风险法是意愿接受赔偿法，是通过考察死亡风险增加时一个人希望得到的额外工资额来确定统计生命价值。建立工资与死亡风险关系方程：$W = W(X, Y)$，式中 W 表示工资，X 表示死亡风险，Y 表示影响工资水平的其他变量，则 $VOSL = \dfrac{\partial W(X, Y)}{\partial X}$。

工资风险法的优点在于对劳动力市场实际行为的观察，数据真实性较高，主要应用于职业风险统计生命价值的评价，曾在美国、英国、加拿大、印度等国家应用。但是由于工资风险法的局限性，尤其是劳动力市场所能提供的有效数据仅能满足职业风险和就业人群的需求，而达不到特定风险类型或特殊群体（儿童、老年人、无业者）的需要，因此在道路交通安全领域的应用比较有限。

2. 消费市场法

消费市场法（又称享乐价格法，hedonic pricing）是利用在安全商品消费市场中安全性高的商品价格高的现象，通过回归分析控制其他变量，找出价格差别的风险原因，进而估算统计生命价值。此法关注的是消费者进行消费决策时在风险与价格之间的权衡，是通过考察死亡风险降低时一个人愿意支付的额外资金额来确定统计生命价值。建立价格与死亡风险关系方程：$P = P(X, Y)$，式中 P 表示价格，X 表示死亡风险，Y 表示影响价格水平的其他变量，则 $VOSL = \dfrac{\partial P(X, Y)}{\partial X}$。

消费市场法可以弥补工资风险法不能满足特定风险类型和特殊群体需求的缺陷，因此在道路交通安全领域的应用比较广泛。道路交通安全相关的消费市场主要体现在机动车、安全带、儿童安全座、充气袋、摩托车安全帽等消费市场，有的学者通过机动车消费市场得出统计生命价值评估值为 3. 357 万美元（Atkinson et al. , 1991）；有的学者通过汽车安全带消费市场，得出儿童统计生命价值高于成年人的研究结论（Blomquist et al.，1996）；有的学者通过分析机动车消费市场，获得成年人、儿童和老年人的统计生命价值评估值分别为6.34、4.28和4.59百万美元（Mount et al.，2001）；有的学者通过自行车安全帽消费市场中5~9岁儿童统计生命价值高于10~14岁儿童的结论（Jenkins et al.，2001）；有的学者基于机动车消费市场，获得统计生命价值评估值为7.5~12.04百万克朗（Andersson，2005）。

3. 条件价值法

条件价值法（CVM：contingent valuation method）是一种直接评估法，直接询问人们为获取该物品愿意支付多少货币量或者愿意接受多少货币量以放弃该物品。条件价值法由戴维斯（1963）首次用于研究缅因州林地宿营和狩猎的娱乐价值，随后在休憩娱乐、美学效益、自然资源、环境存在价值和遗产价值的评估中被广泛应用。随着交通安全经济学的迅速发展，条件价值法被英国学者李·琼斯（1983）首次应用于道路交通统计生命价值的评估，之后相关研究在欧美等发达国家以及泰国等发展中国家广泛开展。

条件价值法方便灵活易操作，可以根据调查目的设计任何假设场景。对于私家车司机，假设场景可以是"假设您想购买一辆安全性能更高的轿车"或"假设在您车中安装一种安全设备"或"假设有一条新建的安全道路需要您支付一定费用"等。有的学者以机动车上安装安全设备为假设场景，以瑞典居民为调查对象，得到统计生命价值评估值为69.1万~264万美元（Persson et al.，2001）；有的学者假设购买机动车安全带场景，获得泰国曼谷城市居民的统计生命价值评估值为87万~148万美元（Vassanadumrongdee et al.，2005）；罗俊鹏等（2007）假设机动车上安装安全设备的场景，以北京居民为调查对象得到VOSL评估值为50万元。

对于行人或自行车和摩托车驾驶员，假设场景可以是"假设您要穿过一条繁忙的街道，您会横穿马路还是走地下通道或人行天桥"或"假设您购买并戴着自行车或摩托车安全帽"等；对于乘客或普遍市民，假设场景可以是"假设您乘坐交通工具出行，您会选摩托车还是公交车"或"假设您可以居住在道路交通安全状况更好的城市"等。有的学者假设走人行横道或地下通道、居住交通安全情况不相同的城市和是否购买安全帽三个场景，对印度德里居民进行调查并得到 VOSL 值为 15 万美元（Bhattacharya et al.，2007）。

4. 意愿选择法

意愿选择法（SCM：stated choice method）是针对安全提高或风险减低设计合理的调查问卷，提出一系列问题或者提供两个或多个选择方案，让应答者选出偏好的方案，从而推导统计生命价值。意愿选择法起源于 20 世纪 70 年代，最初应用在市场销售领域；80 年代以后，意愿选择法在交通经济领域逐渐得到关注，并在交通需求预测、出行路径选择和交通方式选择等研究中广泛应用；步入 90 年代以来，经济学家开始利用意愿选择法评估环境价值；2003 年开始意愿选择法逐渐应用到道路交通统计生命价值的评估中。智利学者以"城际出行路径选择"为假设场景，估算出圣地亚哥与瓦尔帕莱索城际间往返人群的统计生命价值为 14.9 万～20.6 万美元（Rizzi，2003）；智利学者以"城内出行路径选择"为假设场景，估算出圣地亚哥城市内居民的统计生命价值 12.5 万美元（Iragüen et al.，2004）；我国学者赵胜川等（2008）从理论上论证了利用意愿选择法评估统计生命价值的可行性；很多学者提出利用意愿选择法进行统计生命价值评价的优越性（Rouwendal et al.，2009；Carlsson et al.，2010）；我国学者基于意愿选择法，利用非集计模型构建了统计生命价值评价模型，并在大连市和南京市开展了实证研究（刘文歌等，2013；Yang Zhao et al.，2016）。

二、道路交通统计生命价值的评价模型

以文献研究为基础，道路交通统计生命价值的评价模型分为理论模型和实证模型。理论模型是以预期效用理论为基础，利用统计生命价值定义推导评价模型。实证模型按照评价方法分为两种：一种是利用条件价值法获得 WTP 值，再利用统计生命价值定义推导评价模型，其中 WTP 值可以利用开放式问卷格式和二分式选择问卷格式两种引导技术获得；另一种是利用意愿选择法，建立基于 BL 模型的出行路径选择模型，从而推导统计生命价值评价模型。

1. 基于预期效用理论的 VOSL 评价模型

根据冯·纽曼和摩根斯坦的预期效用理论 $EU(w, p) = pu_d(w) + (1-p)u_a(w)$，统计生命价值可以表示为：

$$VOSL = \frac{d_w}{d_p} | EU_{constant} = \frac{u_a(w) - u_d(w)}{pu'_d(w) + (1-p)u'_a(w)} \quad (2.1)$$

式中：EU 表示预期效用，w 表示个人财富水平，p 表示死亡风险概率，u 表示效用函数，d 表示死亡状态，a 表示生存状态。

模型基本假设为：$u_a(w) > u_d(w) \geq 0$；$u'_a(w) > u'_d(w) \geq 0$；$u''_a(w) \leq 0$，$u''_d(w) \leq 0$，即生存状态效用 $u_a(w)$ 大于死亡状态效用 $u_d(w)$，且两者分别与个人财富水平 w 呈递增凸函数关系。

有的学者在预期效用模型中引入背景风险概率变量（Eeckhoudt et al., 2001），预期效用修正为：

$$EU(w, p, \pi) = [1 - (1-p)(1-\pi)]u_d(w) + (1-p)(1-\pi)u_a(w) \quad (2.2)$$

此时统计生命价值可表示为：

$$VOSL = \frac{d_w}{d_p} | EU_{constant} = \frac{(1-\pi)[u_a(w) - u_d(w)]}{[1 - (1-p)(1-\pi)]u'_d(w) + (1-p)(1-\pi)u'_a(w)} \quad (2.3)$$

式中：EU 表示预期效用，w 表示个人财富水平，p 表示特定风险背景下的死亡风险概率，π 表示其他风险背景下的死亡风险概率，u 表示效用函数，d 表示死亡状态，a 表示生存状态。

2. 基于条件价值法的 VOSL 评价模型

（1）基于开放式问卷格式获得 WTP。开放式问卷格式是应用最早，并且操作最简单的问卷格式，它并不给被调查者提供暗示价格，而是针对受评物品进行最简单的提问"你能支付最高水平的货币量是多少"，从而直接获得人们对死亡风险降低值的最大支付意愿 WTP，进而根据统计生命价值的定义直接求解统计生命价值。

$$VOSL = \sum_{i=1}^{n} MRS_i / n = \sum_{i=1}^{n} \frac{WTP_i}{\Delta R_i} / n \quad (2.4)$$

式中：WTP_i 表示第 i 个被调查者的最大支付意愿，ΔR_i 表示第 i 个被调查者面临的死亡风险降低值，MRS_i 表示风险价值边际替代率（i = 1，2，…，n），n 表示样本容量。

（2）基于二分式问卷格式获得 WTP。二分式选择问卷格式要求被调查者回答是否愿意为受评物品支付某一水平的货币量，只需回答"是"或"不是"。二分式选择问卷是通过建立被调查者反映结果的概率与投标值之间的函数关系推导出支付意愿 WTP，进而计算统计生命价值的评估值。根据哈内曼的推导（Hannemann，1991），被调查者的平均支付意愿与选择概率之间的关系可表示为：

$$E(WTP) = \int_0^{+\infty} P(Y) d_{bid_I} \tag{2.5}$$

式中：$P(Y)$ 是被调查者选择"是"的概率；bid_I 是初始投标值；a 是固有哑元，β 是初始投标值 bid_I 的未知参数；$\gamma_k (k = 1，…，K)$ 表示第 k 个个人特性变量的未知参数，$\overline{X}_k$ 表示第 k 个个人特性变量的均值，K 表示个人特性变量个数。

3. 基于意愿选择法的 VOSL 评价模型

此模型是利用意愿选择法设计"出行路径选择"调查问卷，并利用离散选择模型中的 BL 模型推导统计生命价值。假设出行者 n 选择某条路径的效用 U_n 的固定项 V_n 由出行费用 c、出行时间 t 和出行死亡风险 r 三个路径特性所决定，并且呈线性关系，则出行者选择收费路的效用函数的固定项 V_{1n} 可表示为：

$$V_{1n} = a_0 + ac_{1n} + \beta t_{1n} + \chi r_{1n} \tag{2.6}$$

出行者选择免费路的效用函数的固定项 V_{2n} 可表示为：

$$V_{2n} = \beta t_{2n} + \chi r_{2n} \tag{2.7}$$

式中：a_0 是固有哑元，α，β，χ 分别为出行费用、出行时间、死亡风险三个路径特性变量的未知参数。那么，统计生命价值可表示为：

$$VOSL = \sum_{n=1}^{N} \frac{\Delta WTP_n}{\Delta R_n}/N = \frac{\chi}{\alpha} \tag{2.8}$$

式中：N——样本容量。

三、道路交通统计生命价值的影响因素

1. 死亡风险降低值 **ΔR**

许多实证研究表明，人们对道路交通致命事故风险降低的支付意愿 WTP 随着死亡风险降低值 ΔR 的增加而增加，但是增加速度逐渐变小，WTP 与 ΔR 之间是递增凸函数，即 WTP 与死亡风险降低值 ΔR 呈近线性关系（如图 2－1 所示）。因此风险价值边际替代率（MRS）随死亡风险降低值 ΔR 增大而减小，即统计生命价值 VOSL 随死亡风险降低值 ΔR 增加而减少。这一结论现已成为数据有效性检验的标准之一。

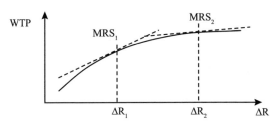

图 2－1　**WTP 与致命风险降低值函数关系**

2. 个人财富水平

理论假设认为：个人支付能力越强，支付意愿越强烈，统计生命价值就越高。根据预期效用理论模型（公式 2.1），预期效用随着个人财富水平的增长而增长（如图 2－2 所示），因此统计生命价值随着个人财富水平的增长而增长。几乎所有实证研究结果表明：统计生命价值与个人工资水平正相关。目前此结论已成为数据有效性检验的标准之一。

3. 个人基本特征因素

目前大多数文献表明 VOSL 与年龄的关系呈倒 "U" 型关系或递减关系，个别研究认为两者之间没有关系。大多数研究结果表明 VOSL 与教育程度正相关，也有少数文献表明两者负相关。许多研究结果表明统计生命

价值受个人的风险观念影响（Penn Jerrod et al.，2018），并认为风险观念越强烈，统计生命价值越高。还有一些研究指出统计生命价值还受个人驾驶熟练度、参与交通程度、交通事故经历以及是否带儿童出行等个人因素影响。

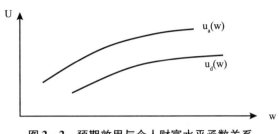

图 2 - 2　预期效用与个人财富水平函数关系

4. 其他因素

挪威学者对不同国家职业安全背景下和交通安全背景下的 80 个统计生命价值样本进行了综合比较分析（Elvik，1995）；有的学者对来自 13 个国家各个安全领域的 68 个统计生命价值样本做了综合比较分析（Miller，2000）；有的学者对 1990 ~ 2001 年间 30 项研究的 95 个道路交通统计生命价值样本进行了元分析（de Blaeij，2003）；瑞典学者对 1996 年 48 个统计生命价值研究文献进行综述分析（Hultkrantz et al.，2010）；有的学者对统计生命价值的地区间差异进行了综合分析（Hua Zan，2017；Hoffmann，2017）；有的学者利用 30 个文献的观察数据对统计生命价值进行了元分析（Agamoni Majumder，2018）。研究结果表明：由于经济差异和人文差异，不同国家和不同地区的统计生命价值有所不同，具体来讲，经济较发达、文明程度较高和交通意识较强的国家和地区（如欧美）统计生命价值偏高；另外评价方法、WTP 引导技术或支付方式不同，统计生命价值评估结果也有所不同。

第五节　道路交通统计生命价值的研究进展

一、国外相关研究进展

根据评价方法不同，国外道路交通统计生命价值的研究进展大体分为四个阶段：第一阶段是以消费价格法为主的初期阶段；第二阶段是消费市场法和条件价值法交互应用的过渡阶段；第三阶段是条件价值法盛行的发展阶段；第四阶段是意愿选择法开始起步的新阶段。主要研究文献如表 2 - 10 所示。

表 2 - 10　　　　　　　　道路交通统计生命价值主要研究文献

年份	国家	评价方法	样本数据	VOSL（万美元）
1975	英国	Hedonic	车速、燃油消费市场	169.2
1979	美国	Hedonic	安全带消费市场	150.6
1983	美国	Hedonic	车速、燃油消费市场	190.3
1983	英国	CVM	—	59.4 ~ 101.5
1984	美国	Hedonic	机动车消费市场	190.3
1989	奥地利	CVM	—	155.7 ~ 429.7
1990	美国	Hedonic	机动车消费市场	453.8
1991	瑞典	CVM	—	122.4 ~ 2 594.9
1992	美国	CVM	场景：购买更安全的轿车；样本量是 194	832.7 ~ 2 993.3
1995	美国	Hedonic	机动车燃油消耗市场	405.6
1995	加拿大	CVM	场景：购买更安全的轿车；样本量是 1 000	173.9 ~ 311.1
1996	瑞典	CVM	场景：机动车中安装安全设备；样本量：1 067	524.2 ~ 631.2
1998	英国	CVM	场景1：机动车中安装安全设备；样本量：83；场景2：实施提高交通安全项目；样本量：52	134.4 ~ 1 518.7
1999	英国	CVM	场景：机动车中安装安全设备；样本量：167	403.1 ~ 524.6
2001	瑞典	CVM	场景：机动车安装安全设备；样本量：691	264

续表

年份	国家	评价方法	样本数据	VOSL（万美元）
2003	智利	SCM	场景：城际间出行路经选择；样本量：342	14.9 ~ 20.6
2004	智利	SCM	场景：城市内路经选择模型；样本量：320	12.5
2005	瑞典	Hedonic	机动车消费市场；样本量：502	87.4 ~ 140.4
2005	泰国	CVM	场景：购买安全带；样本量：301	87 ~ 148
2007	印度	CVM	场景：走人行横道或地下通道、居住交通安全不同的城市、是否购买安全帽；样本量：1 200	15
2010	瑞典	CVM/SCM	基于 48 项意愿调查研究数据的综合分析	90 ~ 1 060
2011	荷兰	CVM/SCM	基于 26 项意愿调查研究数据的综合分析	243
2014	澳大利亚	CVM/SCM	基于 101 项意愿调查研究数据的综合分析	工资弹性系数 0.25 ~ 0.63

1. 消费市场法为主的初期阶段

1974 ~ 1983 年（10 年），是道路交通统计生命价值研究的初期阶段。这一阶段的研究特点是：第一，相关研究仅限于英国和美国，其他发达国家或发展中国家还未涉足；第二，10 年时间仅有四篇文献，研究成果非常有限；第三，研究方法局限在行为调查法的消费市场法，意愿调查法还未被应用；第四，评价目的仅限于学术研究，评估结果未被政府所采用。

2. 条件价值法兴起的过渡阶段

自 1983 年条件价值法逐渐被应用，1983 ~ 1995 年（13 年）是消费市场法和条件价值法交互应用的过渡阶段。这一阶段的研究特点是：第一，相关研究集中在英国、美国，其他发达国家如奥地利、新西兰、瑞典、挪威也开始涉足该领域的研究；第二，评估方法主要以行为调查法的消费市场法和意愿调查法的条件价值法为主，并且两种方法交互应用，英国首先利用条件价值法，美国仍以消费市场法为主，奥地利、新西兰、瑞典等国家主要采用条件价值法；第三，相关研究在新西兰、美国已被政府参考采纳，其他国家仍作为学术研究；第四，这一阶段的研究成果主要体现在行为调查法和条件价值法的比较研究。

3. 条件价值法盛行的发展阶段

1995～2013 年（18 年）是意愿调查法中的条件价值法占主导地位的发展阶段。这一阶段的研究特点是：第一，加拿大、法国、丹麦、瑞士等其他发达国家以及智利、泰国、印度、中国等发展中国家也开始涉足相关研究；第二，消费市场法的应用非常有限，条件价值法非常盛行；第三，相关研究在挪威、瑞典被政府参考采纳，但在其他国家仍作为学术研究。第四，研究成果主要是基于条件价值法的统计生命价值评价模型的构建以及统计生命价值的影响因素分析。

4. 意愿选择法起步的新阶段

2013 年至今（6 年）是意愿调查法中意愿选择法开始应用的新阶段。这一阶段的研究特点是：第一，2003 年意愿选择法在道路交通统计生命价值评价中刚刚起步，主要论证意愿选择法在统计生命价值评价中的优势和可行性；第二，2013 年以后应用比较广泛，研究成果主要是基于非集计模型的道路交通统计生命价值评价模型的构建；第三，有许多实证研究在欧美等发达国家和中国等发展中国家展开。

二、我国相关研究进展

我国道路交通事故造成的人员死亡数量居世界第一，因此道路交通统计生命价值的研究在我国具有重大的应用价值。我国道路交通统计生命价值的相关研究自 2007 年后才开始，其理论研究和实证研究非常有限。

2007 年以前，我国对人的生命价值的评价有三大特点：一是大多学者仍然采用人力资本法（王国平，1988；王亮等，1991；梅强等，1997；屠文娟等，2003；王亮，2004；王玉怀等，2004），由此评价出的人的生命价值并非统计学上的生命价值；二是采用支付意愿法进行统计生命价值的评估多以综述性评论为主（石磊，2004；程启智，2005），实证研究很少并且评价方法仅局限于工资风险法；三是统计生命价值的评价多以环境污染（靳乐山，

1999）和煤矿工人职业风险为背景（赵研等，2007），以道路交通风险为背景的研究尚属空白。

2007 年以后，我国对人的生命价值的评价有两大特点：一是基于支付意愿法的统计生命价值研究在我国广泛开展，包括综述性评论和实证研究。曾贤刚等（2010）利用条件价值法，对空气污染健康损失中的统计生命价值评价进行了实证研究，并获得统计生命价值评估值为 100 万元左右；钱永坤（2011）利用享乐价格法，对煤矿工人职业风险背景的统计生命价值进行了实证研究，获得统计生命价值评估值为 212 万元；徐晓程等（2013）对大气污染相关的统计生命价值进行了元分析，获得我国大气污染相关统计生命价值约为 86 万元，城镇统计生命价值约为 159 万元，农村统计生命价值约为 32 万元；彭小辉等（2014）基于改进的特征工资模型，对城市农民工统计生命价值评估进行了实证研究，获得统计生命价值评估值约为 936 万元；程启智等（2014）分别利用人力资本法和支付意愿法，对中国煤炭行业工人生命价值进行评估，获得统计生命价值评估值分别约为 435 万元和 582 万元；于汐等（2014）为评估防灾减灾、职业安全、环境治理等决策中人的生命价值问题，对劳动市场生命价值理论和实证研究进行了综合性评述；叶星等（2017）对统计生命价值的评价方法进行了综述性评论；蔡向阳等（2017）指出利用条件价值法评价地质灾害风险背景下统计生命价值的优越性和思路流程。二是道路交通安全背景下的统计生命价值评价在我国开始被关注和研究，但相关文献比较有限。学者罗俊鹏等（2007）运用条件价值法，采用支付卡、单边界两份式和双边界两份式 3 种问卷格式在北京地区进行关于避免道路交通事故支付意愿的调查，统计生命价值评估值为 51.3 万元。赵胜川等（2008）利用意愿选择法，从理论上论证利用非集计模型评估统计生命价值的可行性，并提出运用正交试验法设计交通意愿调查问卷，收集数据、计算统计生命价值的初步思路；刘文歌等（2013）利用意愿选择法，基于非集计模型构建了统计生命价值评价模型并在大连市开展了实证研究，获得统计生命价值评估值为 44.8 万元；另有学者利用意愿选择法在南京市进行了实证研究，获得统计生命价值评估值为 107 万元（Yang Zhao et al.，2016）。

三、现有研究存在不足

1. 评价方法存在的不足

工资风险法和消费市场法获得数据是依据实际的劳动力市场和消费市场，数据真实可靠，但存在较大的局限性，主要体现在以下几方面：第一，工人和消费者对劳动力市场和消费市场风险信息的掌握不一定与实际相符，并且从主观方面很难在工资和风险、价格和风险之间进行科学的权衡；第二，工资和价格数据只能被工人或消费者被动地接受，体现不出个人的真实支付意愿；第三，工资风险法中工资与风险关系模型以及消费市场法中价格和风险关系模型很难建立，计量经济学中存在的困难会阻碍风险和资金的权衡；第四，仅局限于交通从业者和交通安全产品消费者的调查，对于交通行为的其他参与者如行人、乘客和相关决策者不适用；第五，无法对新的交通安全产品进行评价，因为新产品还没有投入市场，得不到实际观察的数据；第六，无法对新的交通政策进行评价，因为交通政策不涉及市场交易行为；第七，观察数据耗时并且费用较高。基于以上原因，工资风险法和消费市场法目前已很少被关注。

利用条件价值法评价道路交通统计生命价值时存在两大缺陷：一是假设偏差，二是风险沟通困难。假设偏差指通过假设场景得到的意愿支付 WTP 值与实际消费场景得到的 WTP 值有所偏差，通常情况是假设场景得到的 WTP 值高于实际消费场景的 WTP 值，或者假设场景下选择"愿意支付"的答案多于实际消费场景下的选择结果。假设偏差存在的原因主要在于应答者给出的支付意愿只是假设的支付，而不是实际的花销，或者应答者只考虑到自身意愿，而没有结合自身支付能力。许多研究表明假设偏差的数值很大，有些学者通过元分析得出条件价值法评估的统计生命价值比行为调查法的评估值约高 60%（de Blaeij，2003）；有的学者指出假设偏差是意愿调查法最严重的问题（Harrison，2006）；对检验假设偏差的 39 篇论文进行元分析，得出假设偏差值为 67%（Harrison，2008）。假设偏差造成的后果是统计生命价值评估值偏大，在利用成本效益法进行项目评估时效益偏大，这样很有可能使原本降低社会效益的项目变得可行。风险沟通困难体现在两方面：一是指道路交通死亡风险水平属于小概率，被调查者对小概率数据很难真正理解其含义，并且很难在小概率事件和支付意愿之间进行权衡；二是在利用条件价值法评估统计生命价值时通常利用交通事故死亡风险的客观水平值，而被调查者的支付意愿实际上是针对自身的主观风险水平（高于或低于客观风险水平），这样就会导致统计生命价值的评估值与真实值之间存在偏差。

意愿调查法是较新的且具有良好前景的方法，但在相关领域的应用起步较晚，且参考文献有限。目前存在的主要不足是调查问卷设计时问项较多，被调查者回答后面的问题时容易产生疲劳感，造成数据偏差。

2. 评价模型存在的不足

基于预期效用理论的道路交通统计生命价值评价模型，只适合分析统计生命价值与个人财富之间的关系，不适合实证研究。基于开放式问卷格式的VOSL评价模型，数据调查方法简单易操作，评价模型简单易求解；但是对于被调查者来说较难回答，并且获得的WTP数据往往与实际不符，假设偏差较大。基于二分式问卷格式的VOSL评价模型，仅局限在单边界和双边界二分式问卷格式获取WTP数据，尽管与开放式问卷格式相比数据更为真实，但是如果利用三边界或多边界二分式问卷格式获取WTP数据，VOSL评价模型及评估结果还有进一步精确的空间。基于BL模型的VOSL评价模型，建模简单并且求解容易；但存在两大缺陷：一是缺乏对个人特征变量的引入，缺乏统计生命价值与个人特征变量之间的关系解释；二是模型求解结果是固定值，不能客观地反映统计生命价值的变化规律。

3. 影响因素分析存在的不足

个人因素对统计生命价值的影响分析存在两大不足：一是年龄、学历个人因素对统计生命价值的影响结论不统一；二是性别、驾龄、车保险、出行频率、发生交通事故经历等个人因素对统计生命价值的影响没有定论。目前尚需解决的问题是：个人因素之间的内在关系是什么？这些因素如何对支付意愿产生作用？这些因素出现的深层次原因是什么？还有哪些其他因素影响支付意愿？因此，未来需要进一步全面、系统的研究统计生命价值的影响因素及其形成机理。

从研究不足出发，将现有研究文献进行对比分析（如表 2 – 11 所示），从而指出本书的贡献点和创新点。

表 2 –11　　　　　　　　　　现有研究文献的比较分析

研究内容	影响因素	条件价值法		意愿选择法 BL 评价模型
		开放式 VOSL 模型	二分式 VOSL 模型	
研究文献	Miller，2000 de Blaeij，2003 Hultkrantz，2010	Persson et al.，2001 Bhattacharya，2007	Vassanadumrongdee，2005 罗俊鹏等，2008 Andersson，2013	Rizzi et al.，2003 Iragüen et al.，2004 Rouwendal et al.，2009 Rheinberger，2012
研究不足	影响因素分析不全面，且结论不统一	WTP 数据往往与实际数据不符	局限在单边界和双边界二分式模型，WTP 精确度有待加强	缺乏 VOSL 与个人特征变量的关系解释；模型求解结果是固定值
本书贡献	1. 全面引入个人特性变量和风险变量 2. 系统分析 VOSL 影响因素和形成机理	1. 以开放式问卷进行预调查 2. 提出三边界 VOSL 评价模型 3. 将单、双、三边界评价模型进行比研究		1. 提出基于 ML 模型的 VOSL 评价模型 2. 将 BL 模型和 ML 模型进行比较研究

本 章 小 结

本章对道路交通统计生命价值的相关文献做了全面的回顾与综述，首先从研究主题、参考学科、研究方法和分析层次四个维度分析了道路交通统计生命价值的研究特征；接着从评价方法、评价模型和影响因素三大研究主题出发，分析了道路交通统计生命价值的主要研究成果；最后按照评价方法不同，梳理了国内外道路交通统计生命价值的研究进展，并总结了现有研究存在的不足。完成的主要工作总结如下：

（1）根据道路交通统计生命价值的研究特征分析，得出三个主要结论。

一是研究主题主要集中在影响因素分析以及评价方法和评价模型探讨；

但许多影响因素分析目前没有明确结论，缺乏对其形成机理的研究；未来应以心理学学科理论为基础，完善统计生命价值影响因素的研究并加强对其形成机理的研究。

二是研究方法主要集中在方法与数学模型研究以及统计调查研究；参考学科中计算机科学应用起步较晚；未来应以统计学和计算机科学理论为基础，进一步加强以统计调查和数据分析为主的实证研究；

三是分析层次主要集中在行业层和学科层，在企业层和国家层的研究很少；未来应加强统计生命价值在保险和成本核算中的应用研究。

（2）根据道路交通统计生命价值的研究成果分析，得出两个主要结论。

一是行为调查法已很少被关注。条件价值法是最简单实用且普遍应用的方法，存在假设偏差和风险沟通困难两大局限。意愿调查法是较新的且具有良好前景的方法，但调查问卷设计时间项较多，容易造成数据偏差。

二是评价模型主要是基于条件价值法的单边界和双边界二分式 VOSL 评价模型以及基于意愿选择法 BL 模型。未来的研究方向是基于条件价值法，构建三边界二分式 VOSL 评价模型；进一步加强意愿选择法在相关领域的应用，采用正交试验设计法设计简洁、有效地调查问卷；基于意愿选择法，构建基于 ML 模型的 VOSL 评价模型。

| 第三章 |
道路交通统计生命价值的形成机理

　　根据统计生命价值定义，道路交通统计生命价值评价取决于两个指标：一是道路交通死亡风险降低值；二是针对一定的道路交通死亡风险降低值人们的支付意愿。在第二章第四节道路交通统计生命价值研究成果中提道：统计生命价值随着死亡风险降低值的增加而减少，这一结论已被许多实证研究所证实，并成为数据有效性检验的标准之一。因此本章不再考虑死亡风险降低值对统计生命价值的影响作用，而是以"道路交通死亡风险降低值是固定值"为假设前提，将道路交通统计生命价值形成机理研究转化为道路交通安全支付意愿形成机理研究。而人们"对道路交通安全的支付意愿"实际上是"对道路交通安全项目、道路交通安全政策或道路交通安全产品的支付意愿"。因此，本章以私家车出行者为研究对象，以"对道路交通安全项目（新建安全道路）的支付意愿"为研究场景，从道路交通安全支付意愿的影响因素入手，开展道路交通统计生命价值的形成机理研究。

　　目前有很多文献对道路交通安全支付意愿的影响因素进行研究，如性别、年龄、驾龄、收入、学历、发生交通事故经历以及个人风险观念等，但这些因素之间的内在关系是什么？这些因素如何对人们的支付意愿产生作用？这些因素出现的深层次原因是什么？还有哪些其他因素影响支付意愿？针对这些问题，目前的研究成果还没有给出明确答案。基于此，本章基于计划行为理论，结合道路交通参与者的道路交通风险观念，提出道路交通统计生命价值形成机理的理论框架；以文献研究为基础，结合利他行为理论，设定理论框架中需要的变量并赋值，并通过交通意向调查获取数据；利用结构方程模型构建道路交通安全支付意愿形成机理的概念模型，并借助 Amos 软件对概念模型进行评估、检验和修正，最终获得修正后的道路交通统计生命价值形成机理模型。

本章的研究意义主要体现在两方面：一是系统分析各因素对道路交通统计生命价值的影响作用及影响程度；二是部分研究结论作为第四章和第五章"道路交通统计生命价值评价"的理论基础。

第一节　研究理论与方法

一、消费者行为理论

对道路交通安全项目（政策、产品）的支付意愿的研究实质上是对消费者消费行为意愿的研究。在消费者行为理论中，影响最大的是理性行为理论（Fishbein and Ajzen，1975）和计划行为理论（Ajzen，1991）。

1. 理性行为理论（theory of reasoned action，TRA）

（1）理性行为理论的产生。理性行为理论起源于心理学领域，来自杜拉尼（Dulany）的命题控制理论，即个人的行为意向受制于行为规范和顺从规范的意愿。在命题控制理论的研究中，学者们大都着重于态度、个性或过去行为等对行为的影响，但是在态度的定义、态度如何形成和变化、态度如何影响和决定行为以及态度的测量方法等方面未能达成共识，态度作为中心工具也未能对某些特殊行为做出成功解释和预测，因而态度这个概念的中心地位开始受到质疑。针对这种质疑，菲什拜因（Fishbein）和艾森（Ajzen）于1975 将心理学者弗鲁姆（Vroom）的期望价值模型融入行为意向与主观信仰两个变量，首次对信念、态度、意向和行为四个概念做出了明确界定，并在期望价值理论的基础上构建了一个系统的理论分析框架，即理性行为理论，用于解释和预测人类行为的决策过程。

（2）理性行为理论的基本框架。理性行为理论主张：行为的最重要决因素是行为意向，人们的行为直接受到人们的行为意愿影响，而行为意愿的形成由人们对行为的态度和主观规范共同决定，其中行为态度包括行为主体对该行为的看法及对其结果的评价，主观规范包括行为主体的标准看法和顺从动力，基本理论框架如图3-1所示。理性行为理论的基本假设是：人们的行为表现是在自己的意志控制之下。但许多实证研究结果表明：理性行为理论对某些不完全由个人意志能力控制的行为往往无法予以合理的解释；理性行为理论中的行为意向只能解释行为变量38%的方差。在现实生活中，行为主体的大部分行为都不是个人意志能完全控制的，因此理性行为理论存在一定的局限性。

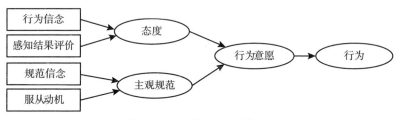

图3-1　理性行为理论框架

2. 计划行为理论（theory of planned behavior，TPB）

（1）计划行为理论的基本框架。为克服理性行为理论的局限，更大限度地对行为意向进行解释，1991年艾森（Ajzen）在理论行为理论的基础上引入了"感知行为控制"变量，被并认为人们的行为意愿是由态度、主观规范、感知行为控制共同决定，从而形成了计划行为理论。计划行为理论是社会心理学中最著名的态度行为理论，用于解释人类的决策过程，其理论框架由三个层次构成（如图3-2所示）。第一个层次是行为意愿，直接决定了人们的行为。第二个层次是行为意向的影响因素，即行为态度、主观规范、感知行为控制。行为态度（attitude，简称ATT）指个体在决策中欲采取特定行为的态度或动机，行为态度越积极行为意向越强烈；主观规范（subjective norm，简称SN）指个体在决策中感知到的来自重要他人或社会的影响，他人或社会对行为越支持行为意向越强烈；感知行为控制（perceived behavioral control，简称PBC）指个体在决策中感知到的自己控制行为的能力，控制能力越强行为意向越强烈。第三个层次是对第二个层次的影响因素分析，总体来说，行为态度取决于行为信念，主观规范取决于规范信念、感知行为控制取决于控制信念。

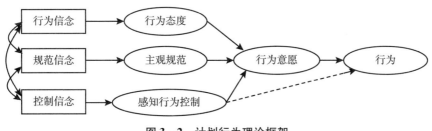

图 3 - 2　计划行为理论框架

（2）计划行为理论的应用。计划行为理论被广泛应用到各种社会行为中，如环保行为、旅游行为、骨髓捐献行为、用餐行为、交通出行方式选择行为以及消费者行为等，并且很多研究都验证了 TPB 对人们的行为意愿和实现行为具有较强的预测和解释效力。目前，计划行为理论在道路交通安全支付意愿领域的研究和应用非常有限，但在某些交通行为领域和某些安全产品支付意愿领域的研究取得了一些成果，这些成果对于本研究起到了一定的借鉴和参考作用。在交通行为领域，刘彦宇（2013）对驾驶员超速行车意向进行研究，研究结果表明年行车里程对超速意向具有显著影响，性别、年龄、驾龄、教育程度、是否有保险、是否有事故经历等因素对超速意向没有显著影响；王静等（2013）对初中生不良交通行为危险因素进行分析，研究结果表明青少年交通规则的知晓程度、家长和学校对安全交通行为的规范要求以及学生自身对交通行为的自我控制等都是影响交通行为的因素；尹静（2012）对北京市居民出行方式选择意向进行研究，并引入个人属性、家庭属性和城市交通政策属性，研究结果表明个人属性和政策属性是通过影响态度间接影响出行方式选择意向，而家庭属性则是直接对出行方式选择意向产生影响；贾洪飞等（2012）对换乘决策机理进行解析，引入个人特性变量和个人出行变量，研究结果表明年龄、职业、出行目的等因素对换乘意向有显著影响。在安全产品消费领域，刘春娣（2013）对涉苯作业人员防护用品利用行为的影响因素进行研究，研究结果表明性别、年龄和文化程度等社会人口学特征是涉苯作业人员防护用品利用行为的影响因素；马小辉（2012）对消费者安全食品购买意向进行了研究，在计划行为理论模型中引入风险认知变量，并从风险可见性、风险可控性、风险后果严重性和风险可怕性四个维度测量风险认知变量，并指出性别、年龄在消费者安全食品购买意向中具有显著性差异，而文化程度和年收入水平不具有显著性差异，罗丞等（2010）对安全食品支付意愿影响因素进行了研究，引入信息与信念作为态度的前因变量，研究结果之一表明个人年收入和年龄对安全食品的支付意愿影响显著。

二、利他行为理论

1. 利他行为的含义和特征

19世纪法国实证主义哲学家、社会学家奥古都斯·孔德（Auguste Comte）借用拉丁文 alter 来表示同利己倾向对立的乐善好施，最早在伦理学上提出利他主义（Altruism）一词。在社会心理学领域，绝大多数心理学家从行为上对利他主义加以定义。社会学家特里弗斯（Trivers）把利他行为定义为"对履行这种行为的有机体明显不利，而对与自己无关的有机体却有利的行为"；生物学家威尔逊（Wilson）把利他主义定义为"有利于他人却伤害自己的行为"。利他行为的动机分成利己性动机和利他性动机，利己性动机既帮助了他人也要自我获益，而利他性动机是不顾自身利益完全实现他人利益。有学者认为：具有利他性动机的行为才可以成为利他行为，否则不是利他行为。

与利他行为相似的概念是亲社会行为，由美国学者韦斯伯格（Weisberg）提出：指协助、援助、自我牺牲等对他人和社会进行帮助的行为。有学者认为二者行为表现相似、目的都是造福他人和社会，因此两个概念内容一致；另外一些学者认为两者存在不同，即利他行为具有无私性，是以他人为中心的、完全不考虑自身的利益；而亲社会行为更关注自身的行为表现，动机具有多样化，可能是关注他人利益的动机或"回报性的"动机或"补偿性的"的动机，比利他行为的内容更加丰富。因此，有学者认为利他行为是亲社会行为的一种特殊表现形式，是最高水平的亲社会行为。我国学者余国良提出，利他行为是指对他人有利的自觉行为和自愿行为，并没有明显的自私动机。

综上所述，利他行为（altruistic behavior）是利他主义的外在表现，可从两方面进行定义：从结果上讲，只有确切地产生了利他结果的行为才是利他行为；从动机上讲，只要行为的发生出于人的利他心，那么这种行为就是利他行为。公认的利他行为有四个方面特点：一是利他者出于自愿帮助他人，属于自发施援；二是受助者须获得好处，即把对他人的利益作为最终目标和结果，即具有"益他性"；三是利他者自身必须经受一定的精神损失或物质损失，即具有"自损性"；四是没有报酬和奖赏的期望，一种是希望得到物质方面的外部奖励，另一种是做出利他人行为后的愉快心理体验的内在奖励。

2. 利他行为的种类

社会心理学一般把利他行为分为亲缘利他（kin altuism）行为、纯粹利他（group altruism）行为和互惠利他（reciprocal altruism）行为三种。

（1）亲缘利他行为。是指有血缘关系的生物个体为自己的亲属提供帮助或做出牺牲的行为，这种利他行为不含有任何"功利"的目的，又称为"硬利他"。

（2）纯粹利他行为。指不追求任何个体的回报，只注重个人精神满足的施乐。

（3）互惠利他行为指没有血缘关系的生物个体为了回报而相互提供帮助的行为，这种利他行为有着苛刻的条件限制和环境要求，又被称为"软利他"。

3. 利他行为理论在安全偏好领域的应用

利他行为理论在安全偏好领域得到了广泛的研究和应用，有的学者认为人们在面临安全问题的时候不仅仅考虑个人安全而且也考虑其他人的安全，并且认为这种现象是合理的（Becker，1976；Sen，1987）；有的学者发现父母对子女安全的支付意愿高于对自己安全的支付意愿（Dickie and Messman，2004；Chanel and Luchini，2005）；有的学者指出家长对于孩子属于亲缘利他行为（Dickie and Gerking，2007）；有的学者指出人们对整个家庭的支付意愿大于对个人的支付意愿（Bateman and Brouwer，2006）。在统计生命价值评价研究中，有的学者分析了带儿童出行对道路交通统计生命价值的影响（de Blaeij，2003）；有的研究结果表明儿童的统计生命价值高于成年人（Leung and Guria，2006）；有的研究结果表明儿童的道路交通统计生命价值高于成年人（Anderssonh and Lindbergb，2009）。

三、结构方程模型

1. 结构方程模型的含义

结构方程模型（SEM：structural equation modeling）是在20世纪70年代瑞典学者所提出的统计理论基础上逐步发展起来的多元统计技术。结构方程模型在估计一组观察变量与其代表的潜变量、因子的关系的同时，分析各潜变量之间的关系。结构方程模型源于因子分析和路径分析，基于因子分析的测量模型和基于路径分析的结构模型的整合，形成了一个数据分析的一般框架，即结构方程模型。

近年来，结构方程模型作为统计分析的一般框架，广泛应用于社会科学及行为科学领域，并在近十年应用于交通行为领域。有的学者利用结构方程模型构建了出行者出行需求模型（Fujii and Kitamura，2000），有的学者利用结构方程模型对出行者的出行方式选择行为进行了分析（Simma et al.，2001）；利用结构方程模型分析了出行者出行行为的影响因素（Golob，2003）。随着对交通出行者行为研究的深入，结构方程模型已成为交通行为分析的重要方法。

2. 结构方程模型的基本形式

结构方程模型是反映潜变量之间关系的结构模型和反映潜变量与可测变量之间关系的测量模型的结合，即结构方程模型由结构模型和测量模型两部分构成，而结构模型是研究重点，因此称之为结构方程模型。

（1）结构模型。结构模型是反映潜变量之间的因果关系，也称潜变量模型或因果模型。潜变量亦称隐变量，是无法直接观测并测量的变量，需要通过设计若干指标间接测量。外生变量指在模型或系统中只起解释变量作用的变量，它只影响其他变量，而不受其他变量影响，即在路径图中只有指向其他变量的箭头，没有箭头指向它。内生变量指在模型或系统中受其他变量（包括外生变量和内生变量）影响的变量，即在路径图中有箭头指向它的变量。结构模型的形式为：

$$\underset{(m \times 1)}{\eta} = \underset{(m \times m)(m \times 1)}{B\eta} + \underset{(m \times n)(n \times 1)}{\Gamma\xi} + \underset{(m \times 1)}{\zeta} \tag{3.1}$$

式中：η 是内生潜变量；ξ 是外生潜变量；ζ 是残差项；B 是内生潜变量系数矩阵，描述内生潜变量 η 之间的彼此影响；Γ 是外生潜变量 ξ 对内生潜变量 η 的影响；m 是内生潜变量数目；n 是外生潜变量数目。

因果模型分为递归模型和非递归模型。递归模型指因果模型中变量之间只有单向因果关系，没有直接或间接的反馈，并且所有误差彼此都不相关。在路径图中，只有单向直线箭头并且误差之间没有弧线箭头的模型就是递归模型。非递归模型指因果模型中变量之间有直接或间接的反馈作用，或变量存在自身反馈作用，或误差项之间相关。在路径图中，有直接或间接的循环直线箭头或误差之间存在弧线箭头的模型是非递归模型。

（2）测量模型。测量模型反映潜变量和可测变量之间的关系。若潜变量被视作因子，则测量模型反映因子与指标之间的关系，因此也称为因子模型。可测变量亦称显变量，是可以直接观测并测量的变量，也称为观测变量或指标。测量模型的形式为：

$$\underset{(q \times 1)}{X} = \underset{(q \times n)(n \times 1)}{\Lambda_x \xi} + \underset{(q \times 1)}{\delta} \tag{3.2}$$

$$\underset{(p \times 1)}{Y} = \underset{(p \times m)(m \times 1)}{\Lambda_y \eta} + \underset{(p \times 1)}{\varepsilon} \tag{3.3}$$

式中：X 是 ξ 的可测变量，δ 是 X 的测量误差，Λ_x 是 X 在 ξ 上的因子载荷矩阵；Y 是 η 的可测变量，ε 是 Y 的测量误差，Λ_y 是 Y 在 η 上的因子载荷矩阵；p 是内生可测变量的数目；q 是外生可测变量的数目。

结构方程模型的基本假设是：结构模型的残差项 ζ 的均值为零；测量模型的误差项 δ，ε 的均值为零；残差项 ζ 与 ξ，δ，ε 之间不相关；误差项 δ，ε 与 η，ξ 之间不相关，误差项 δ 与 ε 之间不相关。

3. 结构方程模型的构建步骤

结构方程模型的构建一般需要 5 个步骤：模型设定、模型识别、模型估计、模型评价和模型修正。

（1）模型设定。结构方程模型的设定即在潜变量和可测变量都已设定的基础上，用路径图的形式将变量之间的关系表述出来的过程。潜变量可以根据实际问题的相关理论或经验确定，也可以借助探索性因子分析寻找公因子构造，从而设定结构模型，这是结构方程模型设定的第一步。选择可测变量，设定测量模型，这是结构方程模型设定的第二步。可测变量是为反映潜变量而设置的，其选择数量及内容是否适当直接关系到潜变量的测量是否合理、准确。一般来说，一个潜变量带有3个可测变量较为合适。

（2）模型识别。结构方程模型的识别是判定模型中的每一个待估计参数（自由参数）是否能由观测数据求出唯一的估计值。只有结构方程模型是可识别的，才能进行结构方程模型的估计。结构方程模型整体可识别的必要条件是满足"t规则"，t规则的表达式为：

$$t \leqslant \frac{1}{2}(p+q)(p+q+1) \tag{3.4}$$

式中：t是待估计参数的个数。

结构方程模型整体可识别的充分条件是满足"两步规则"，第一步是测量模型的识别，第二步是结构模型的识别。测量模型的识别可以按照三指标规则、两指标规则识别；结构模型的识别可以按照零B规则或递归规则识别。三指标规则是：每个因子至少有三个指标；每个指标只测量一个潜变量；误差之间不相关。两指标规则是：每个因子至少有两个指标；每个指标只测量一个潜变量；对每一个潜变量，至少有另一个潜变量与之相关；误差项之间不相关。零B规则是：当B=0时，模型可识别。递归规则是：递归模型都是可识别的。

（3）模型估计。结构方程模型估计与多元回归不同，它不是极小化因变量拟合值和观察值之间的差异，而是极小化样本方差/协方差与模型估计的方差/协方差之间的差异。结构方程模型的参数估计是从 $\sum = \sum(\theta)$ 出发。其中，$\sum$ 是观测变量之间的总体方差—协方差矩阵，用样本方差—协方差矩阵S替代，可以通过可测变量的值计算求得；$\sum(\theta)$ 是假设模型（带有参数 θ）的方差—协方差矩阵，即假设模型拟合的方差—协方差矩阵，或者是由估计出的 θ 预测的方差—协方差矩阵；θ 是一个矢量，含有模型的待估计参数。由假设模型拟合的方差—协方差矩阵 $\sum(\theta)$ 应该与样本方差—协方差矩阵 S 尽可能接近，其接近程度可以用拟合函数表示，记为 $F(S, \sum(\theta))$，试图使拟合函数最小化即为结构方程模型参数估计的基本思路。

参数估计的常用方法包括最大似然估计法、未加权最小二乘估计法、广义最小二乘估计法等，其中最常见的是最大似然估计法。最大似然估计法选用的拟合函数是：

$$F_{ML} = \log\left|\sum(\theta)\right| + tr\left[S\sum{}^{-1}(\theta)\right] - \log|S| - (p+q) \qquad (3.5)$$

式中：$tr\left[S\sum{}^{-1}(\theta)\right]$ 是矩阵 $\left[S\sum{}^{-1}(\theta)\right]$ 的迹，即矩阵的对角线元素之和；$\log\left|\sum(\theta)\right|$ 表示矩阵 $\sum(\theta)$ 的行列式的对数；$\log|S|$ 表示矩阵 S 的行列式的对数。若 S 与 $\sum(\theta)$ 越接近，即 $\log|S|$ 与 $\log\left|\sum(\theta)\right|$ 越接近，$tr\left[S\sum{}^{-1}(\theta)\right]$ 越接近 $p+q$，则拟合函数 F_{ML} 越小。使得 F_{ML} 达到最小值的参数估计 $\hat{\theta}$ 称为最大似然估计（ML：maximum likelihood）。采用最大似然估计要求可测变量服从多元正态分布，当可测变量不满足正态分布条件时，从理论上讲选用最小二乘法比较合理。但许多研究认为极大似然估计法在一般场合是稳健估计，即正态条件不满足时其估计结果仍然是可信的。

（4）模型评价。结构方程模型参数估计后，需要对模型进行评价，主要包括参数检验和拟合程度检验。参数检验包括参数显著性检验和参数合理性检验。结构方程模型中的参数显著性检验类似于回归模型中的参数显著性检验，即参数的 t 检验。在 Amos 软件中，C. R. 是参数显著性检验的统计量，是由参数估计值与其标准差之比构成，p 是原假设（参数为零成立的概率）。一般来说，当 $p \leq 0.01$ 或 $p \leq 0.05$ 时，表示参数在 1% 或 5% 水平上显著，参数通过显著性检验。参数的合理性检验是检验参数的估计值是否具有合理的实际意义，包括参数的符号是否合理、参数的取值范围是否合理等。

拟合程度检验一般通过计算拟合指数完成。拟合指数包括绝对拟合指数和相对拟合指数。绝对拟合指数直接评估设定模型与样本数据的拟合情况；主要包括卡方统计量 χ^2、调整卡方统计量 χ^2/d、近似误差均方根 RMSEA 等指标。相对拟合指数也称增值拟合指数，通过比较设定模型与基准模型或独立模型，检测模型拟合相对基准模型的改善比例；主要包括标准拟合指数

（NFI）、非标准化拟合指数（NNFI/TLI）和比较拟合指数（CFI）等指标。各指数判定标准如表 3 – 1 所示。

表 3 – 1 拟合指数及判定标准

指数类别	指数名称	判断标准
绝对拟合指数	卡方统计量 χ^2	取值越小表明拟合效果越好； 适宜样本容量为 100 ~ 200 之间
	调整卡方统计量 χ^2/df	小于 2 表示拟合较好； 在 2 ~ 5 之间拟合效果可以接受
	近似误差均方根 RMSEA	取值范围在 0 ~ 1 之间； 小于 0.01 表示拟合非常好； 小于 0.05 表示拟合很好； 在 0.05 ~ 0.08 之间认为拟合不错； 在 0.08 ~ 0.10 之间认为拟合一般； 大于 0.10 拟合效果不能接受
相对拟合指数	标准拟合指数 NFI	取值范围在 0 ~ 1 之间； 越接近 1 拟合越好； 大于 0.9 表示拟合较好； 在 0.8 ~ 0.9 之间拟合效果可以接受
	非标准化拟合指数 NNFI/TLI	
	比较拟合指数 CFI	

（5）模型修正。在结构方程模型中，初始模型往往以现有理论、文献或先前研究为基础而设定，然后用设定的模型来拟合可用的数据。如果模型与数据拟合不好，则需要寻找模型拟合不良的可能原因，确定导致模型设定错误的因素，决定如何删除、增加或修正模型中的参数，从而修正模型。为了改善数据拟合不良的初始模型，人们通常使用模型参数的修正指数作为诊断指标来修改模型设定。一旦模型重新设定，重复上述 4 个步骤。需要强调的是：修正或重新设定模型应是"数据驱动"和"理论驱动"的结合，即要在理论知识和实践经验的基础上对模型进行调整，避免盲目应用模型修正指数，只注重模型拟合指数的改善。换言之，不能以改善模型拟合度为目的而单纯的增加或删除参数，更需要模型的所有参数估计都具有实际意义。

第二节　理论假设与变量分析

一、理论框架与假设

　　道路交通统计生命价值是以道路交通风险为研究背景，衡量人们对死亡风险降低的支付意愿，即道路交通行为参与者对道路交通安全产品或项目的支付意愿，其实质是对消费者消费行为意愿的研究。因此，本节基于消费者行为理论中最经典的计划行为理论，并结合道路交通风险特点，引入风险暴露程度、风险控制能力和风险厌恶程度三个风险因素作为行为态度的前因变量，并引入性别、年龄、学历、驾龄和车险五个个人特征因素作为三大风险因素的前因变量，提出道路交通统计生命价值形成机理的理论框架（如图 3－3 所示）。

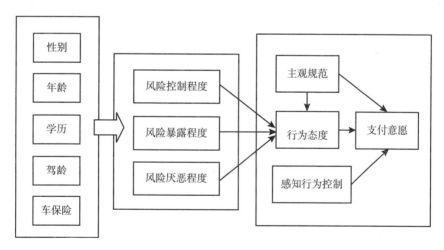

图 3－3　道路交通统计生命价值形成机理的理论框架

　　根据计划行为理论：支付意愿由行为态度、主观规范和感知行为控制三大因素影响，并且行为态度越积极，支付意愿越强烈；主观规范越强，支付意愿越强烈；感知行为控制越强，支付意愿越强烈。而在行为态度的形成过程中，有许多研究结果表明：主观规范正向影响行为态度。由此提出如下理论假设：

H1：行为态度对道路交通安全的支付意愿影响显著，且呈正相关关系；

H2：主观规范对道路交通安全的支付意愿影响显著，且呈正相关关系；

H3：感知行为控制对道路交通安全的支付意愿影响显著，且呈正相关关系；

H4：主观规范对行为态度影响显著，且呈正相关关系；

与环境污染、食品安全、疾病传染、轨道运输及航空运输等风险不同，道路交通风险下的个人主观风险水平具有差异化特点。所谓主观风险水平是指个人主观上认为自己的风险概率水平，或高于或低于地区平均风险概率水平。相关研究结果表明：人们对道路交通安全提高（风险降低）的支付行为态度取决于人们的主观风险水平，而不同道路交通行为参与者的主观风险水平有所不同，其原因是人们的风险暴露程度、风险控制能力和风险厌恶程度不同。因此本研究将风险暴露程度、风险控制能力和风险厌恶程度作为行为态度的前因变量，并认为风险暴露程度越大行为态度越积极，风险控制能力越弱行为态度越积极，风险厌恶程度越高行为态度越积极。由此提出如下理论假设：

H5：风险控制能力对行为态度影响显著，且呈负相关关系；

H6：风险暴露程度对行为态度影响显著，且呈正相关关系；

H7：风险厌恶程度对行为态度影响显著，且呈正相关关系；

根据实践经验：女性与男性相比，驾驶熟练度相对较低，遇到风险的应变能力和处理能力相对较低，因此风险控制能力较弱；女性与男性相比，开车出行的频率较低，开车出行的时间相对较短，因此风险暴露程度较低；女性与男性相比，安全偏好程度较高，因此风险厌恶程度较高。由此提出如下理论假设：

H8：性别对风险控制能力影响显著，且呈负相关关系；

H9：性别对风险暴露程度影响显著，且呈负相关关系；

H10：性别对风险厌恶程度影响显著，且呈正相关关系；

根据实践经验：年龄越大的人遇到风险的反应能力和处理能力越弱，因此风险控制能力越弱；年龄越大的人，开车出行的频率越低，开车出行的时间相对越短,因此风险暴露程度就越低;年龄越大,预期生命越短,就越珍爱生命,因此风险厌恶程度也越高。由此提出如下理论假设:

H11:年龄对风险控制能力影响显著,且呈负相关关系;

H12:年龄对风险暴露程度影响显著,且呈负相关关系;

H13:年龄对风险厌恶程度影响显著,且呈正相关关系;

根据实践经验:学历越高的人,动脑能力越强,动手能力越弱,驾驶熟练度越低,因此风险控制能力越弱;学历越高的人,从事伏案工作的时间和频率越高,开车出行的频率和时间越低,因此风险暴露程度越低;学历越高的人,个人安全意识越强,因此风险厌恶程度越高。由此提出如下理论假设:

H14:学历对风险控制能力影响显著,且呈负相关关系;

H15:学历对风险暴露程度影响显著,且呈负相关关系;

H16:学历对风险厌恶程度影响显著,且呈正相关关系;

根据实践经验:驾龄越长的人,驾驶熟练度越高,因此风险控制能力越强;驾龄长高的人,开车出行的频率和时间越多,因此风险暴露程度越高;驾龄越长的人,防患意识越弱,对于风险不以为意,因此风险厌恶程度越低。由此提出如下理论假设:

H17:驾龄对风险控制能力影响显著,且呈正相关关系;

H18:驾龄对风险暴露程度影响显著,且呈正相关关系;

H19:驾龄对风险厌恶程度影响显著,且呈负相关关系;

根据实践经验:车险种类越多的人,驾驶熟练度越低,因此风险控制能力越弱;车保险种类越多的人,开车出行的频率和时间越多,因此风险暴露程度越高;车保险种类越多的人,安全意识越强,因此风险厌恶程度越高。由此提出如下理论假设:

H20:车保险对风险控制能力影响显著,且呈负相关关系;

H21:车保险对风险暴露程度影响显著,且呈正相关关系;

H22:车保险对风险厌恶程度影响显著,且呈正相关关系。

二、变量分析与赋值

变量分析与赋值是以文献研究为基础,并结合私家车出行者的特点以及大连市经济、交通现状，对每个潜变量的可测变量进行选择，并对各可测变量进行赋值。下述变量中，性别采用 0~1 赋值法；其他测量变量均采用 5 级量表赋值法，按强度从弱到强打 1~5 分。变量的设置与赋值如表 3-2 和表 3-3 所示，变量的问项设置见附录一。

表 3-2　　　　　　　　　　　　变量设置与变量赋值

潜变量及符号	可测变量及符号	变量赋值
支付意愿　WTP	独自出行　IT	非常不同意 =1；不同意 =2；不确定 =3；同意 =4；非常同意 =5
	载儿童出行　CT	
	载其他乘客出行　PT	
行为态度　AT	死亡风险降低　DR	非常不同意 =1；不同意 =2；不确定 =3；同意 =4；非常同意 =5
	伤残风险降低　IR	
	财产损失降低　PR	
主观规范　SN	政府倡导力度　GA	非常不同意 =1；不同意 =2；不确定 =3；同意 =4；非常同意 =5
	媒体宣传力度　MA	
	驾校宣传程度　SA	
感知行为控制　BCP	月工资水平　IM	≤2 000 =1；2 000~4 000 =2；4 000~6 000 =3；6 000~8 000 =4；>8 000 =5
	月还贷水平　LM	无 =1；≤1 000 =2；1 000~2 000 =3；2 000~3 000 =4；>3 000 =5
	月交通补助　SM	无 =1；≤200 =2；200~500 =3；500~1 000 =4；>1 000 =5
风险暴露程度　RE	一天中开车时间　HT	≤1h =1；1h~2h =2；2h~3h =3；3h~4h =4；>4h =5
	一年中开车天数　DT	偶尔几天 =1；几乎每个休息日 =2；每隔一天 =3；几乎每个工作日 =4；几乎每天 =5
风险控制能力　C	独立事故　IA	从来没有 =1；1 次 =2；2 次 =3；3 次 =4；4 次及以上 =5
	撞车非独立事故　CA	
	撞人非独立事故　PA	

续表

潜变量及符号	可测变量及符号	变量赋值
风险厌恶程度　RD	超速次数　SV 闯红灯次数　LV 酒驾次数　DV 逆行次数　RV	从来没有 = 1；1 次 = 2；2 次 = 3；3 次 = 4；4 次及以上 = 5

表 3 – 3　　　　　　　　　　　　特性变量设置与赋值

特征变量	变量符号	变量赋值
性别	GEN	男 = 1；女 = 2
年龄	AGE	18 ~ 29 = 1；30 ~ 39 = 2；40 ~ 49 = 3；50 ~ 59 = 4；60 ~ 70 = 5
学历	EDU	大专以下 = 1；专科 = 2；本科 = 3；硕士 = 4；博士及以上 = 5
驾龄	EXP	≤1 年 = 1；1 ~ 2 年 = 2；2 ~ 3 年 = 3；3 ~ 5 年 = 4；>5 年 = 5
车保险	INS	仅交强险 = 1；交强险 + 第三者险（≤30 万）；交强险 + 第三者险（>30 万）；交强险 + 第三者险 + 车损险 = 4；几乎全险 = 5

1. 支付意愿

这里的支付意愿指出行者对道路交通安全提高的支付意愿，或对道路交通风险降低的支付意愿。研究表明：人们对道路交通安全提高的支付意愿具有"利他主义"的特征（Andersson and Lindbergb，2009），即人们在独自出行时与载乘客出行时对道路交通安全提高的支付意愿不同；并且许多文献也指出，人们带儿童出行时比独自出行时对道路交通安全提高的支付意愿要强烈。基于此，本书从独自出行支付意愿、载儿童出行支付意愿和载其他人出行支付意愿的强度 3 个方面测量人们对道路交通安全的支付意愿。

2. 行为态度

行为态度指出行者对道路交通安全提高的支付行为本身持有的态度，是支付意愿的首要决定因素。态度上的赞同容易产生积极的支付意愿，反之产生消极的支付意愿。道路交通安全提高能够降低人身伤亡和财产损失风险，有的学者研究了出行者对人身死亡风险降低和人身伤残风险降低的支付意愿（Shanmugam，2000），有的学者针对轻伤、重伤、致命伤和死亡四种风险降低分析了出行者的支付意愿（de Blaeij，2003），本书从人们对安全道路能够降低人身死亡风险、降低人身伤残风险和降低财产损失风险的信念程度 3 个方面测量行为态度。

3. 主观规范

主观规范指的是出行者对外在社会压力的知觉，即出行者所在乎的人或机构如何看待他们对道路交通安全提高的支付行为，这一知觉会左右出行者是否会继续强化他们的支付意愿。宣传与倡导道路交通安全的外在力量主要来自于以道路交通管理部门为主的政府机构、以交通广播为主的媒体机构和以驾校为主的学校机构。有的学者指出人们对道路交通安全的支付意愿取决于媒体对到交通安全的宣传力度（Andersson and Lundborg，2007）；有的学者指出人们对道路交通安全的支付意愿受政府对交通安全的管制力度影响，并受驾校对交通安全的培训力度影响（Bhattacharya，2007）。本书从政府倡导、媒体宣传和驾校培训的力度 3 个方面来测量主观规范。

量表法对支付意愿、行为态度、主观规范进行测量时，一般要求被调查者对语句的同意程度进行表述。5 级李克特量表一般将同意程度分为"非常不同意""不同意""不确定""同意""非常同意"。

4. 感知行为控制

感知行为控制是指出行者对交通安全提高的道路采取支付行为的控制程度的感知，它对支付意愿具有正向影响。旅游行为的感知行为控制可以从金钱、时间、体力等方面进行测量，但是道路交通安全支付意愿的感知行为控制主要从金钱方面进行测量。大多数研究者认为工资水平是衡量支付能力的标准主要指标，杨智伟（2010）认为交通补助水平和还贷水平对交通产品的支付意愿产生影响，因此本研究从月工资水平、月还贷水平和月交通补助水平 3 个方面测量感知行为控制。

由于上述可测变量可以获得具体数值，因此结合大连市经济发展水平，对三个可测变量的数值划分为 5 种情况进行赋值。大连市平均工资水平为

4 000 元，有车族的工资水平偏高，因此将 4 000 ~ 6 000 元设为 5 级量表的中间档；根据被调查者访谈结果，月贷款额一般不超过工资的 50%，因此将 1 000 ~ 2 000 元设为 5 级量表的中间档；月交通补助的平均水平在 200 ~ 500 元之间，因此将其设为 5 级量表的中间档。

5. 风险暴露程度

风险暴露程度指出行者暴露在道路交通风险中的程度，或者说是出行者参与道路交通出行行为的程度。风险暴露程度越高，对道路交通安全提高的支付意愿就越大。现有研究从出行时间和出行距离两个角度去衡量风险暴露程度，但由于交通拥挤现象严重，因此出行时间能更准确地体现风险暴露程度。有的研究利用每天开车出行时间来反应风险暴露程度（Andersson，2007），有的研究利用一年中开车出行频率来反应风险暴露程度（Lindhjem et al.，2011）。本书从出行者一天中开车出行时间和一年中开车出行天数两个方面测量风险暴露程度。

根据大连市城市规模，并结合道路交通拥挤现状，私家车出行者每天开车出行的时间（往返）最短在 1 小时以内，最多在 4 小时以上，并依此设计 5 级量表。通过被调查者访谈结果得知，有些私家车车主开车出行的频率非常低，有些仅休息日开车出行，有些隔一天开车出行（出于节省油费的目的或夫妻换开的需求），有些工作日每天都开车出行，有些几乎每天都开车出行，依此设计 5 级量表。

6. 风险控制能力

风险控制能力指人们将风险降低到最小的能力，可以通过出行者发生道路交通事故的频率来测量。道路交通事故分为碰撞物体（树、路边、护栏、墙等其他障碍物）的独立交通事故，这类事故危害程度相对较轻；撞车或撞人的非独立交通事故，前者对双方危害都较大，后者对对方危害较大。因此本研究从独立事故多少、撞车非独立事故多少和撞人非独立事故多少 3 个方面测量风险控制能力。根据被调查者访谈结果，私家车出行者每年发生交通事故平均次数是 2 次，依此作为 5 级量表的中间档。

7. 风险厌恶程度

风险厌恶程度即道路交通安全偏好程度，表现为个人的道路交通安全意识的强弱。风险厌恶程度越大，即安全意识越强，对道路交通安全提高的支付意愿就越大。道路交通安全意识可以通过超速、酒驾、闯红灯、逆行、不按标志行驶、违停和不系安全带等违章行为体现。其中前四项安全隐患非常严重；不按标志行驶一般是由于出行者不了解或者没有注意标志，而非恶意行为；违停对道路拥堵影响较大，对道路安全影响相对很小；不带安全带的现象比较少见。因此本研究从超速、闯红灯、酒驾和逆行次数4个方面测量风险厌恶程度。由于私家车出行者监控到的违章次数每年最多为4次（一次3分，共12分；闯红灯一次6分在2010年还未实行），加上没有监控到违章行为，将每年4次及以上作为5级量表的最高档。

8. 个人特征变量

（1）性别。性别对人的风险观念的影响被充分的检验，有些研究结果表明"女性比男性的风险观念偏高"（Lundborg et al. , 2002；Lundborg et al. , 2004），有些研究结果表明"女性专家比男性专家的风险观念偏高"（Barke et al. , 1997；Slovic et al. , 2000），有些研究结果表明"女性活动家比男性活动家的风险观念偏高"（Sunstein, 2002）。

考虑到年龄与风险观念的关系，有的学者认为食品安全背景下人的风险观念随年龄增长而增长（Dosman et al. , 2001）；有的学者认为道路交通和健康风险背景下人们的风险观念和年龄负相关，而癌症风险下是正相关（Nielsen, 2012）。

（2）学历。有关学历与风险观念的关系，罗俊鹏（2007）认为道路交通风险背景下，学历高的人风险观念偏高；曾贤刚（2010）认为空气污染健康损失风险背景下，人的受教育程度与风险观念正相关；尼尔森（2012）认为学历越高，人的风险观念越低。

（3）驾龄和车保险。有的研究表明驾龄对风险观念产生显著影响（Andersson et al. , 2007）；有的学者研究了环境污染和道路交通风险背景下保险与风险观念的关系，认为有保险的人风险观念较高（Vassanadumrongdee et al. , 2005）。基于此，本研究选择性别、年龄、学历、驾龄和车险 5 个个人特性变量作为风险观念的前因变量，直接对风险暴露程度、风险控制程度和风险厌恶程度产生影响。

在道路交通行为中，年龄最低为 18 岁，最高为 70 岁，10 年为一个档，依次设计年龄的 5 级量表；学历大多是本科，因此将本科设计为 5 级量表的中间档；驾龄最少 1 年以下，5 年以上属于较长驾龄，依次设计最低档和最高档对驾龄进行赋值；车险种类中，最少投保交强险，最多投保全险，依此设计车保险的 5 级量表（个人特性变量设置与赋值如表 3 - 3 所示）。

第三节　问卷设计及数据分析

一、调查问卷设计

调查问卷的设计重点在于调查问卷的内容设计。调查问卷内容设计以国内外相关研究为前提，结合被调查者的出行特点，以结构方程模型潜变量和可测变量的选择为基础，进行可测变量的问项设置。

本研究调查问卷由四部分内容（见附录一）构成：第一部分是对安全道路功能和效果的描述；第二部分是对支付意愿、行为态度、主观规范 9 个测量变量的问项设置；第三部分是对风险暴露程度、风险控制能力和风险厌恶程度 9 个测量变量的问项设置；第四部分是对性别、年龄、学历、驾龄和车保险情况 5 个个人特征以及感知行为控制的 3 个测量变量的问项设置。

二、样本特征分析

本调查于 2010 年 9 月发放 300 份调查问卷，调查问卷发放对象为居民小区车主，调查问卷发放形式以个人访问为主。调查问卷于调查当场回收，回收调查问卷 281 份，回复率为 93.7%。在回收的调查问卷中，有效问卷为 273 份，有效回复率 91%，有效样本的特征描述如表 3 - 4 所示。

表 3 – 4　　　　　　　　　　　　　样本特征描述

描述指标		比例（%）	描述指标		比例（%）
性别	男	63.6			
	女	36.4			
年龄	18～29	20.3	驾龄	≤1 年	10.5
	30～39	33.5		1～2 年	16.4
	40～49	26.7		2～3 年	24.6
	50～59	11.6		3～5 年	26.8
	60～70	7.9		>5 年	21.7
车险	仅交强险	9.5	学历	大专以下	8.8
	交强险 + 第三者险（≤30 万）	27.6		专科	9.6
	交强险 + 第三者险（>30 万）	24.8		本科	55.4
	交强险 + 第三者险 + 车损险	28.5		硕士	20.1
	几乎全险	9.6		博士及以上	6.1

通过样本特征分析可见，年龄在 30～39 岁以及 40～49 岁的出行者所占比例较大；驾龄在 2～3 年、3～5 年及 5 年以上的出行者占多数且比例相当；投保交强险 + 第三者险以及交强险 + 第三者险 + 车损险的出行者占多数且比例相当；本科学历的出行者所占比例最大，硕士学历其次。

三、信度与效度分析

信度指问卷测量结果的稳定性与一致性程度，主要采用内部一致性信度（Cronbach α 系数）来反映。由表 3 – 5 可见，支付意愿、行为态度、主观规范、感知行为控制、风险控制能力、风险暴露程度和风险厌恶程度 7 个潜变量的 Cronbachα 系数均大于 0.8，超过了可接受的 0.70 的标准水平，具有较好的内部一致性信度。

效度指测量工具能够正确测量出所要测量问题的程度，主要通过内容效度和结构效度来反映。内容效度指所设计的题项能否代表所测量的内容，本问卷设计以文献研究为基础，结合专家访谈和对被访者的调查，因此具有较好的内容效度。结构效度是指测量结果体现出来的某种结构与测值之间的对应程度。由表3－5可见，各可测变量与其所反映的潜变量的相关系数CITC均大于0.5，超过了0.3的删除标准，初步认为调查问卷的结构效度较好。

为进一步检验问卷的结构有效性，需要对样本进行探索性因子分析。本书采用主成分分析法和正交旋转法进行探索性因子分析。首先，样本的KMO值为0.839，Bartlett球形检验的χ^2值为518.058，自由度为78，显著性水平为0.000，适合做因子分析；接着，提取7个特征值大于1的因子，累计方差贡献率为75.7395（大于75%）；采用方差最大化正交旋转进行因子旋转，获得旋转后的因子载荷阵，并只列出大于0.500的因子载荷。由表3－5可见，各可测变量的因子载荷均在0.7以上，并均能反映到预先设定的潜变量上，且不存在跨因子载荷，因此问卷结构效度良好。

表3－5   信度与结构效度分析表

潜变量	可测变量	数目	CITC	Cronbach α 系数	因子载荷
支付意愿	IT	3	0.705	0.715	0.796
	CT		0.632		0.760
	PT		0.528		0.771
行为态度	DR	3	0.602	0.729	0.786
	IR		0.534		0.794
	PR		0.623		0.711
主观规范	GA	3	0.508	0.804	0.737
	MA		0.572		0.749
	SA		0.672		0.790
感知行为控制	IM	3	0.547	0.736	0.793
	LM		0.628		0.755
	SM		0.683		0.771
风险暴露程度	HT	2	0.607	0.702	0.786
	DT		0.598		0.795

潜变量	可测变量	数目	CITC	Cronbach α 系数	因子载荷
风险控制能力	IA	3	0.633	0.737	0.801
	CA		0.607		0.814
	PA		0.598		0.802
风险厌恶程度	SV	4	0.633	0.846	0.812
	LV		0.607		0.795
	DV		0.598		0.816
	RV		0.690		0.821

第四节 模型构建与分析

一、模型设定

本研究的结构方程模型共有 12 个潜变量,其中内生潜变量有 5 个,分别为支付意愿、行为态度、风险控制程度、风险暴露程度和风险厌恶程度;外生潜变量有 7 个,分别为主观规范、感知行为控制、性别、年龄、学历、驾龄和车险。其中,性别、年龄、学历、驾龄和车险直接影响风险控制程度、风险暴露程度和风险厌恶程度;风险控制程度、风险暴露程度、风险厌恶程度和主观规范对行为态度产生直接影响;主观规范、行为态度和感知行为控制直接影响支付意愿。可测变量共有 26 个,内生显变量有 15 个,外生显变量有 11 个,其中性别、年龄、学历、驾龄和车保险 5 个外生显变量单独决定对应的外生潜变量。根据相关理论与实践经验,认为驾龄与车险存在相关。道路交通统计生命价值形成机理的结构方程模型如图 3-4 所示。

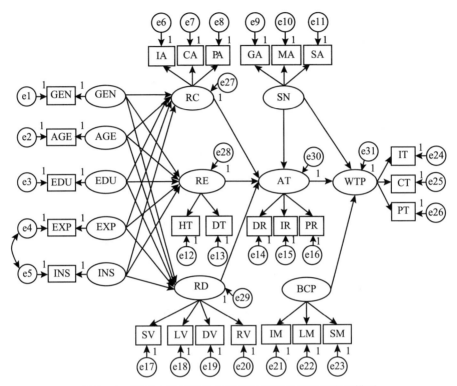

图 3-4 道路交通统计生命价值形成机理的结构方程模型

二、模型识别

本研究的结构方程模型可测变量数 p+q 为 26 个，待估参数个数 t 为 75 个，满足 T 规则 t<(p+q)(p+q+1)/2 的要求，即满足模型整体可识别的必要条件。根据二指标规则，每个因子至少有两个指标，每个指标只测量一个潜变量，对每一个潜变量至少有另一个潜变量与之相关，且误差项之间不相关，因此测量模型是可识别的；由于结构模型是递归模型，因此结构模型是可识别的。根据上述两步规则，结构方程模型满足整体可识别的充分条件。因此本研究模型具有可识别性。

三、模型评价

1. 模型参数显著性检验

结构方程模型的参数显著性检验包括路径系数和载荷系数的显著性检验，是结构方程模型参数检验的主要环节。本研究利用 AMOS18.0 软件对模型参数进行估计和检验，路径系数和载荷系数的参数估计及显著性检验结果分别如表 3-6 所示和表 3-7 所示。由表 3-6 可见，模型有 9 个路径系数通过显著性水平为 1% 的显著性检验；有 8 个路径系数通过显著性水平为 5% 的显著性检验；有 5 个路径系数未通过参数显著性检验，包括私家车出行者的性别对风险暴露程度影响不显著，年龄对风险厌恶程度影响不显著，学历对风险控制能力和风险暴露程度影响均不显著，以及驾龄对风险暴露程度影响不显著。由表 3-7 可见，所有载荷系数均通过显著性水平为 5% 的显著性检验。

表 3-6　　　　　　　　　　　路径系数估计值及检验值

路径		估计值	标准差	C. R.	P
支付意愿	←主观规范	0.226	0.182	1.24	**
支付意愿	←行为态度	0.425	0.230	1.845	***
支付意愿	←感知行为控制	0.386	0.237	1.63	***
行为态度	←主观规范	0.162	0.105	1.538	**
行为态度	←风险控制能力	-0.298	0.126	-2.365	***
行为态度	←风险暴露程度	0.123	0.071	1.724	***
行为态度	←风险厌恶程度	0.487	0.170	2.861	***
风险控制能力	←性别	-0.243	0.108	-2.245	**
风险暴露程度	←性别	-0.178	0.067	-2.657	0.129
风险厌恶程度	←性别	0.339	0.171	1.987	**
风险控制能力	←年龄	-0.256	0.144	-1.775	**
风险暴露程度	←年龄	-0.283	0.125	-2.26	**
风险厌恶程度	←年龄	0.167	0.085	1.974	0.086

续表

路径		估计值	标准差	C. R.	P
风险控制能力	←学历	−0.231	0.141	−1.643	0.063
风险暴露程度	←学历	−0.162	0.129	−1.256	0.145
风险厌恶程度	←学历	0.328	0.100	3.264	***
风险控制能力	←驾龄	0.465	0.161	2.895	***
风险暴露程度	←驾龄	0.255	0.155	1.645	0.153
风险厌恶程度	←驾龄	−0.219	0.074	−2.976	**
风险控制能力	←车保险	−0.360	0.131	−2.754	***
风险暴露程度	←车保险	0.273	0.069	3.975	**
风险厌恶程度	←车保险	0.474	0.179	2.644	***

注：** 和 *** 分别表示在 5% 和 1% 的水平上显著。

表 3 − 7 　　　　　　　　载荷系数估计值及检验值

可观测变量	潜变量	估计值	标准差	C. R.	P
IT 独自出行	←支付意愿	0.687	0.313	2.195	**
CT 载儿童出行	←支付意愿	0.836	0.423	1.976	***
PT 载乘客出行	←支付意愿	0.634	0.386	1.642	**
GA 政府倡导力度	←主观规范	0.745	0.334	2.231	***
MA 媒体宣传力度	←主观规范	0.661	0.419	1.578	**
SA 驾校宣传力度	←主观规范	0.539	0.270	1.996	**
DR 死亡风险降低	←行为态度	0.864	0.245	3.527	***
IR 伤残风险降低	←行为态度	0.759	0.364	2.085	**
PR 财产损失降低	←行为态度	0.637	0.356	1.789	**
IM 月工资水平	←感知行为控制	0.795	0.293	2.713	***
LM 月车贷款额	←感知行为控制	−0.455	0.393	−1.158	**
SM 月交通补助	←感知行为控制	0.345	0.181	1.906	**
IA 独立事故	←风险控制程度	−0.596	0.266	−2.241	**
CA 撞车非独立事故	←风险控制程度	−0.644	0.548	−1.175	**

可观测变量	潜变量	估计值	标准差	C. R.	P
PA 撞人非独立事故	←风险控制程度	-0.615	0.723	-0.851	**
HT 一天中开车时间	←风险暴露程度	0.576	0.176	3.273	**
DT 一年中开车天数	←风险暴露程度	0.632	0.176	3.591	***
SV 超速次数	←风险厌恶程度	-0.643	0.245	-2.624	***
LV 闯红灯次数	←风险厌恶程度	-0.619	0.295	-2.098	***
DV 酒驾次数	←风险厌恶程度	-0.734	0.273	-2.689	***
RV 逆行次数	←风险厌恶程度	-0.712	0.153	-4.654	***

注：** 和 *** 分别表示在5%和1%的水平上显著。

2. 模型拟合优度评价

拟合优度检验用来检验模型与数据的拟合程度。本研究选取 χ^2/df、近似误差均方根 RMSEA、规范拟合指数 NFI、不规范拟合指数 TLI 和比较拟合指数 CFI 作为评价模型的拟合指数。由表3-8可知，χ^2/df 为2.239，没有达到小于2的标准，说明模型有待进一步改进；RMSEA 为0.0642，在0.05和0.08之间，说明模型拟合不错；NFI 为0.912，CFI 为0.907，达到了大于0.9的标准，说明模型拟合较好；TLI 为0.896，未达到0.9的标准，表示模型需要进一步改进。

表3-8 模型拟合指数值

拟合指数	χ^2/df	RMSEA	NFI	TLI	CFI
模型拟合指数值	2.239	0.0642	0.912	0.896	0.907

四、模型修正

1. 限制参数取值

通过路径系数的显著性检验，私家车出行者的性别、学历和驾龄对风险暴露程度影响不显著，学历对风险控制能力影响不显著，年龄对风险厌恶程度影响不显著。路径系数未通过显著性检验，说明该路径对应的潜变量之间关系不明显，即该路径系数不为 0 的原假设不成立，因此将这些参数设定为 0。修正后的模型拟合结果如表 3 - 9 所示，χ^2/df 由 2. 239 降至 1. 985，符合小于 2 的可接受标准；RMSEA 由 0. 0642 降至 0. 0587，NFI 由 0. 912 增加至 0. 929，CFI 由 0. 907 增加至 0. 914，拟合效果进一步提高；TLI 由 0. 896 增加至 0. 935，达到了 0 大于 0. 9 的判断标准。

表 3 - 9   模型拟合指数值

拟合指数	χ^2/df	RMSEA	NFI	TLI	CFI
模型拟合指数值	1. 985	0. 0587	0. 929	0. 935	0. 914

2. 释放误差相关性

根据我国机动车驾驶证管理办法，申请学习机动车驾驶的最低年龄为 18 岁。根据杨智伟（2010）对大连市私家车出行者年龄和驾龄的交叉分析，认为两者存在一定的相关性。因此通过释放这组变量的误差相关性（设定误差相关），对模型进行进一步修正。修正后的模型拟合结果如表 3 - 10 所示，χ^2/df 由 1. 985 降至 1. 825，RMSEA 由 0. 0587 降至 0. 0542，NFI、TLI 和 CFI 仍在 0. 9 标准水平以上，模型拟合效果进一步提高。

表 3 - 10   模型拟合指数值

拟合指数	χ^2/df	RMSEA	NFI	TLI	CFI
模型拟合指数值	1. 825	0. 0542	0. 912	0. 934	0. 949

3. 修正后的模型估计

修正后的结构方程模型的拟合指标均达到标准要求，能够揭示道路交通安全支付意愿的影响因素及影响程度。修改后的结构方程模型及其参数估计结果如图 3 - 5 所示。

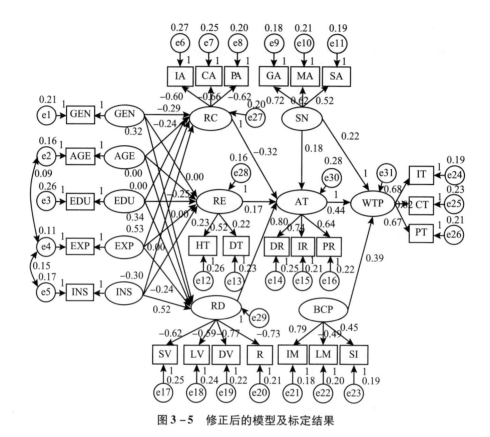

图 3－5　修正后的模型及标定结果

五、验证假设

行为态度对支付意愿的路径系数为 0. 44，且在 1% 水平上显著，这说明行为态度与支付意愿显著正相关，假设 1 通过验证。主观规范对支付意愿的路径系数为 0. 22，且在 5% 水平上显著，这说明主观规范与支付意愿显著正相关，假设 2 通过验证。感知行为控制对支付意愿的路径系数为 0. 39，且在 5% 水平上显著，这说明感知行为控制与支付意愿显著正相关，假设 3 通过验证。主观规范对行为态度的路径系数为 0. 18，且在 5% 水平上显著，这说明主观规范与行为态度显著正相关，假设 4 通过验证。

风险控制能力对行为态度的路径系数为 － 0. 32，且在 1% 水平上显著，这说明风险控制能力与行为态度显著负相关，假设 5 通过验证。风险暴露程度对行为态度的路径系数为 0.17，且在 5% 水平上显著，这说明风险暴露程度与行为态度显著正相关，假设 6 通过验证。风险厌恶程度对行为态度的路径系数为 0.52，且在 1% 水平上显著，这说明风险厌恶程度与行为态度显著正相关，假设 7 通过验证。

性别对风险控制能力、风险厌恶程度的路径系数分别为 -0.29 和 0.32，且在 5% 水平上显著，这说明性别与风险控制能力显著负相关，与风险厌恶程度显著正相关，假设 8 和假设 10 通过验证。

年龄对风险控制能力、风险暴露程度的路径系数分别为 -0.24、-0.25，且在 5% 水平上显著，这说明年龄与风险控制能力显著负相关，与风险暴露程度显著负相关，假设 11 和假设 12 通过验证。

学历对风险厌恶程度的路径系数为 0.34，且在 1% 水平上显著，这说明学历与风险厌恶程度显著正相关，假设 16 通过验证。

驾龄对风险控制能力和风险厌恶程度的路径系数分别为 0.53、-0.24，且分别在 1% 和 5% 水平上显著，这说明驾龄与风险控制能力显著正相关，与风险厌恶程度显著负相关，假设 17 和假设 19 通过验证。

车险对风险控制能力、风险暴露程度和风险厌恶程度的路径系数分别为 -0.30、0.23 和 0.52，且在 5% 水平上显著，说明车险与风险控制能力显著负相关，与风险暴露程度显著正相关，与风险厌恶程度显著正相关，假设 20、假设 21 和假设 22 通过验证。

性别对风险暴露程度、年龄对风险厌恶程度，学历对风险控制能力、学历对风险暴露程度以及驾龄对风险暴露程度的路径系数没有通过参数显著性检验，因此假设 9、假设 13、假设 14、假设 15 和假设 18 未通过验证。理论假设验证结果如表 3 – 11 所示。

表 3 – 11　　　　　　　　　理论假设验证结果

假设编号	对应路径			假设描述	验证结果
H1	行为态度	→	支付意愿	显著正相关	支持
H2	主观规范	→	支付意愿	显著正相关	支持
H3	感知行为控制	→	支付意愿	显著正相关	支持
H4	主观规范	→	行为态度	显著正相关	支持

续表

假设编号	对应路径			假设描述	验证结果
H5	风险控制能力	→	行为态度	显著负相关	支持
H6	风险暴露程度	→	行为态度	显著正相关	支持
H7	风险厌恶程度	→	行为态度	显著正相关	支持
H8	性别	→	风险控制能力	显著负相关	支持
H9	性别	→	风险暴露程度	显著负相关	不支持
H10	性别	→	风险厌恶程度	显著正相关	支持
H11	年龄	→	风险控制能力	显著负相关	支持
H12	年龄	→	风险暴露程度	显著负相关	支持
H13	年龄	→	风险厌恶程度	显著正相关	不支持
H14	学历	→	风险控制能力	显著负相关	不支持
H15	学历	→	风险暴露程度	显著负相关	不支持
H16	学历	→	风险厌恶程度	显著正相关	支持
H17	驾龄	→	风险控制能力	显著正相关	支持
H18	驾龄	→	风险暴露程度	显著正相关	不支持
H19	驾龄	→	风险厌恶程度	显著负相关	支持
H20	车保险	→	风险控制能力	显著负相关	支持
H21	车保险	→	风险暴露程度	显著正相关	支持
H22	车保险	→	风险厌恶程度	显著正相关	支持

六、模型结果分析

1. 行为态度、主观规范、感知行为控制与支付意愿的关系分析

（1）行为态度与支付意愿的关系分析。行为态度对支付意愿的路径系数为 0.44，可见私家车出行者的行为态度对道路交通安全支付意愿的影响程度最大。降低人身死亡风险、降低人身伤残风险和降低财产损失风险这三个测量变量对行为态度的载荷系数分别为 0.80、0.74、0.64，说明私家车出行者对人身死亡风险降低的信念程度是其行为态度产生的最关键因素，进而对道

路交通安全的支付意愿影响最大；私家车出行者对降低人身伤残风险和降低财产损失风险的信念程度也是其行为态度产生的主要原因，进而也对道路交通安全的支付意愿产生影响。而统计生命价值仅是衡量个人对道路交通死亡风险降低的支付意愿，因此在第四章的统计生命价值评价调查问卷设计时需要依此作为假设前提之一。

（2）感知行为控制与支付意愿的关系分析。感知行为控制对支付意愿的路径系数为0.39，说明私家车出行者的感知行为控制对道路交通安全的支付意愿也具有很大影响。月收入水平对感知行为控制的载荷系数为0.79，说明月收入水平对道路交通安全的支付意愿具有很大程度的影响。工资对道路交通安全支付意愿的弹性系数为0.3（0.39×0.79），这一结论与许多实证研究成果一致，学者对101项研究数据进行元分析获得工资的弹性系数范围是$0.25 \sim 0.63$（Doucouliagos et al.，2014）。因此月收入水平可以作为变量引入第四章与第五章的统计生命价值评价模型。另外月还贷水平和月交通补助对感知行为控制的载荷系数分别为 -0.49 和0.45，可见两者对支付意愿也有一定程度的影响，即月还贷水平越高对道路交通安全的支付意愿越低，月交通补助越高对道路交通安全的支付意愿就越高。

（3）主观规范与支付意愿的关系分析。主观规范对支付意愿和对行为态度的路径系数分别为0.22和0.18，说明主观规范不仅对支付意愿产生直接效应，还通过直接影响行为态度对支付意愿产生间接效应。政府倡导、媒体宣传和驾校培训三个测量变量对主观规范的载荷系数分别为0.72、0.62和0.52，说明政府倡导和媒体宣传对主观规范的影响程度较大，进而对道路交通安全的支付意愿产生较大影响；而驾校培训对主观规范影响较小，说明驾校在道路交通安全培训方面所起的作用不足。这一结论为提高道路交通安全的政策制定提供了理论基础，即继续加大政府倡导力度和媒体宣传力度，同时加强驾校培训力度。

2. 风险观念与支付意愿的关系分析

私家车出行者的风险控制能力、风险暴露程度和风险厌恶程度，通过对行为态度产生影响，从而影响道路交通安全的支付意愿。

（1）风险厌恶程度与支付意愿的关系分析。风险厌恶程度对行为态度的路径系数为 0.52，可见私家车出行者的风险厌恶程度是影响行为态度的最主要因素，且风险厌恶程度越大行为态度越强烈，对道路交通安全的支付意愿就越大。超速次数、闯红灯次数、酒驾次数和逆行次数四个测量变量对风险厌恶程度的载荷系数分别为 −0.62、−0.59、−0.77 和 −0.73，说明私家车出行者发生违章行为的次数越多风险厌恶程度越低，对道路交通安全的支付意愿就越小。其中，酒驾行为对风险厌恶程度的影响最大，其次是逆行行为，再次是超速行为与闯红灯行为。主要原因是酒驾行为与逆行行为几乎都属于故意行为，最能体现个人的风险意识；而超速行为或者是闯红灯行为有时并非出行者的故意行为，而是由不小心或者没注意等非恶意原因造成。这一结论为道路交通安全政策或法规的制定提供了理论依据，即进一步加大酒驾和逆行的管理力度和惩罚力度，确保道路限速标准设计更合理、限速标志设置更明显、红灯设计更科学、红灯设置更明显以及加强对于遮挡视线误闯红灯的申诉处理等。

（2）风险控制能力与支付意愿的关系分析。风险控制能力对行为态度的路径系数为 −0.32，说明私家车出行者的风险控制程度对行为态度的影响也比较大，且风险控制能力越弱行为态度越强烈，对道路交通安全的支付意愿越大。独立事故、撞人非独立事故和撞车非独立事故三个测量变量对风险控制能力的载荷系数分别为 −0.60、−0.66 和 −0.62，说明私家车出行者发生道路交通事故的次数越多风险控制能力越弱，对道路交通安全的支付意愿就越大。

（3）风险暴露程度与支付意愿的关系分析。风险暴露程度对行为态度的路径系数为 0.16，说明私家车出行者的风险暴露程度对行为态度也具有一定程度的影响，且风险暴露程度越大行为态度越强烈，对道路交通安全的支付意愿越大。一天出行时间和一年出行天数两个测量变量对风险暴露程度的载荷系数分别为 0.52 和 0.22，说明私家车出行者出行时间越长、出行频率越高风险暴露程度越大，对道路交通安全的支付意愿就越大。

3. 个人特征与支付意愿的关系分析

（1）性别与支付意愿的关系分析。性别对风险控制能力和风险厌恶程度的路径系数分别为 −0.29 和 0.32，说明女性的风险控制能力较低，风险厌恶程度较高。而风险控制能力较低和风险厌恶程度较高都会导致支付意愿较高，因此女性对道路交通安全的支付意愿较高。因此性别可以作为变量引入第四章与第五章的统计生命价值评价模型。

（2）年龄与支付意愿的关系分析。年龄对风险控制能力和风险暴露程度的路径系数分别为 -0.24 和 -0.25，说明年龄越大风险控制能力越弱、风险暴露程度就越低。风险控制能力弱会导致支付意愿提高，而风险暴露程度低会导致支付意愿降低，所以年龄对道路交通安全支付意愿的影响不确定。这与目前的研究结论一致。

（3）学历与支付意愿的关系分析。学历对风险厌恶程度的路径系数为 0.34，说明学历越高风险厌恶程度越高。而风险厌恶程度越高支付意愿越高，因此学历高的人对道路交通安全的支付意愿偏高。因此学历可以作为变量引入第四章与第五章的统计生命价值评价模型。

（4）驾龄与支付意愿的关系分析。驾龄对风险控制能力和风险厌恶程度的路径系数分别为 0.53 和 -0.24，说明驾龄越长风险控制能力越强，风险厌恶程度越低。风险控制能力强和风险厌恶程度低都会导致支付意愿降低，因此驾龄长的人对道路交通安全的支付意愿偏低。因此驾龄可以作为变量引入第四章与第五章的统计生命价值评价模型。

（5）保险与支付意愿的关系分析。车保险对风险控制能力、风险暴露程度和风险厌恶程度的路径系数分别为 -0.30、0.23 和 0.24，说明车保险种类越多风险控制能力越低、风险暴露程度越大并且风险厌恶程度越高。而风险控制能力低、风险暴露程度大、风险厌恶程度高都会导致支付意愿提高，因此车保险多的人对道路交通安全的支付意愿偏高。因此车保险可以作为变量引入第四章与第五章的统计生命价值评价模型。

4. 支付意愿测量变量的关系分析

独自出行、载儿童出行和载其他乘客出行这三个测量变量对支付意愿的载荷系数分别为 0.68、0.82、0.67，可见私家车出行者在载儿童出行时对道路交通安全的支付意愿最高，独自出行时与载其他乘客出行时的支付意愿相当。而统计生命价值是衡量个人对道路交通死亡风险降低的支付意愿，即独自出行时对道路交通安全的支付意愿，因此在第四章的统计生命价值评价调查问卷设计时需要依此作为假设前提之一。

本 章 小 结

本章在文献研究的基础之上，利用计划行为理论和结构方程模型，构建了道路交通统计生命价值形成机理模型，并以大连市私家车出行者为调查对象收集数据进行了实证研究。研究分析了道路交通统计生命价值的影响因素以及影响因素之间的关系，完成的主要工作和获得的主要成果总结如下。

（1）以相关研究成果为基础，分析了道路交通安全支付意愿的影响因素；基于计划行为理论，引入风险暴露程度、风险控制能力和风险厌恶能力3大风险因素，并引入性别、年龄、学历、驾龄和车保险5个个人特征因素，提出了道路交通统计生命价值形成机理的概念模型。

（2）设计道路交通安全支付意愿调查问卷，以大连市私家车出行者为调查对象实施意向调查获取数据，利用 Amos 软件对模型进行估计、评价、修正和假设验证，最后通过修正后的道路交通统计生命价值形成机理模型，剖析了各因素之间关系以及如何影响支付意愿。

（3）模型估计主要成果总结如下：①道路交通安全支付意愿在独立出行、载儿童出行和载其他乘客出行三种出行状态下有所不同；人们对死亡风险降低、伤残风险降低和财产风险降低三种道路交通安全类型都产生支付意愿，并且支付意愿不同。这两个结论在第四章和第五章进行统计生命价值评价时作为调查问卷设计的依据。②性别、驾龄、学历、车保险和月收入对道路交通安全支付意愿产生显著影响，这作为第四章和第五章统计生命价值评价模型个人特征变量引入的依据。③政府倡导力度、媒体宣传力度以及驾校宣传力度对支付意愿影响显著，酒驾、逆行、超速和闯红灯违章行为对支付意愿影响显著，这两个结论可作为道路交通安全政策制定的依据。

| 第四章 |
基于条件价值法的道路交通统计
生命价值评价研究

在道路交通统计生命价值的评价研究中，条件价值法是目前最为普遍应用的评价方法，但现有研究仍存在不足之处，主要体现在假设偏差和风险沟通困难两个方面。假设偏差是指被调查者针对假设场景回答的支付意愿高于实际支付值，或者对于假定的支付意愿回答"是"的概率偏高，这就导致统计生命价值的评估值偏高。风险沟通困难指人们对小概率道路交通死亡风险值难以理解，并且难以在小概率风险与价值之间进行权衡，这就导致统计生命价值的评估值不可靠。假设偏差产生的主要原因有三点：一是 WTP 的问卷格式局限在开放式问卷格式和单、双边界二分式问卷格式；二是私家车出行者对道路交通死亡风险降低的支付意愿往往考虑其他人（儿童、家人或其他乘客）的利益；三是被调查者对道路交通死亡风险降低的支付意愿往往考虑人身伤残风险和财产（车辆）损失风险。风险沟通困难的主要原因是人们对道路交通风险这一小概率事件认知不足且反应不敏感。基于此，本章将条件价值法与确定性校准法相结合，考虑利他行为因素和风险干扰因素，从而优化调查问卷内容，旨在降低假设偏差；以开放式问卷格式引导 WTP进行预调查，并在调查问卷中附带图片和表格等予以辅助理解风险概率，旨在增强风险沟通；以单边界、双边界和三边界二分式问卷格式引导 WTP进行正式调查，并基于 MNL 模型构建单边界、双边界和三边界二分式VOSL 评价模型，最后通过模型比较分析提出精确性更高的评价模型，旨在进一步降低假设偏差。

第一节　研究理论与方法

一、条件价值法

1. 条件价值法的概念和内涵

条件价值法（contingent valuation method，CVM）的概念最早于 1947 年提出，是指"通过调查消费者对公共物品的支付意愿来测算出消费者对公共物品的需求曲线"；1963 年第一次应用于实践，用于研究美国缅因州一处林地休憩、狩猎的娱乐价值；1974 年首次用于研究改善环境质量问题，之后条件价值法被不断应用于自然资源经济价值评价、海洋和大气资源评价、水资源评价、旅游度假区生态旅游价值评价以及土地资源价值评价等。条件价值法于 1983 年首次应用于道路交通统计生命价值的评估中，之后在欧美等发达国家以及泰国等发展中国家广泛应用。

条件价值法通过模拟市场情景（假设场景）、询问被调查者对公共物品的支付意愿（willingness to pay，WTP）来评价所调查的公共物品或服务的价值。条件价值法与传统市场评价存在很大区别，它不是基于市场预设行为或者市场可见行为，而是从人消费与收益的意愿出发设计模拟市场，强调消费者对于某一物品或服务的支付与受偿的主观意愿，从而引导出物品或服务的市场价值，这是条件价值法的内涵所在。条件价值法是意愿调查法中最为普遍应用的方法，它利用效用最大化原理，基于某一假设场景设计调查问卷，直接询问被调查者对死亡风险降低的支付意愿。

2. 条件价值法的引导技术（问卷格式）

支付意愿的引导技术（问卷格式）是条件价值法的重要手段，直接影响评估的可靠性和有效性。条件价值法的问卷格式分为连续型问卷格式和离散型问卷格式两大类。连续型问卷格式包括投标博弈、开放式格式和支付卡格式三种。目前大多数文献采用连续型问卷格式评估道路交通统计生命价值，2001 年瑞典学者等基于开放式问卷格式获得瑞典居民 VOSL 值为 69.1 万～264 万美元；2007 年印度学者基于支付卡式问卷格式获得德里居民 VOSL 值为 15 万美元。

（1）连续型—投标博弈问卷格式。投标博弈是指被调查者说出受评物品的若干不同水平的支付意愿或接受补偿，分为单次投标博弈和收敛（重复）投标博弈。重复投标博弈是指调查者不断提高和降低报价直到辨明被调查者最大支付意愿为止，此方法在电话调查和面对面调查中很有效，但起点价格的确定对评估结果影响很大，目前应用较少。

（2）连续型—开放式问卷格式。开放式问卷格式并不给被调查者提供暗示价格，而是针对受评物品进行最简单的提问"你能支付最高水平的货币量是多少"。开放式问卷优点是收集数据范围比较广泛，可以深入发现和探究一些特殊问题；但缺点是要求被调查者有较强的资料分析能力，且由于此类问卷问题设置和安排没有严格的结构形式，被调查者较难回答，因而获得的支付意愿数据往往与实际不符。开放式问卷格式一般不作为独立的调查问卷使用，而是作为预调查问卷使用。

（3）支付卡式问卷格式。支付卡式问卷格式是让被调查者从列举着的许多可能价格的支付卡中选择他们的最大支付意愿支付卡式问卷格式，分为非锚定型支付卡和锚定型支付卡。非锚定型支付卡是指给定被调查者一系列支付意愿与受偿意愿数据，让他们从列出的数值中选择他们的最大支付意愿和受偿意愿；锚定型支付卡是指向被调查者提有关被调查者的基本状况，并询问被调查者对其他公共项目中的支付意愿与受偿意愿，为调查提供约束性数据。支付卡式问卷格式比较简单，但有可能会使被调查者根据支付卡中的价格而降低自己本来决定的价格，影响评估结果的真实性。

（4）离散型问卷格式。离散型问卷格式即封闭式问卷格式，主要指二分式选择（dichotomous choices）问卷格式。二分式选择问卷格式要求被调查者回答他们是否愿意为受评物品支付某一水平的货币量，而且只需回答"是"或"不是"，现已从单边界二分式选择发展为双边界二分式选择和三边界二分式选择等问卷格式。许多研究表明：被调查者对"是"或"不是"的回答比他们直接说出最大支付意愿 WTP 更能模拟市场的定价行为，因此封闭式二分式选择问卷格式目前被认为是条件价值法研究中最先进的方法，并在二分式选择与支付意愿之间的函数关系式建立之后得到广泛应用。目前少数文献采用二分式选择问卷格式评估道路交通统计生命价值：2005 年泰国学者基于单边界二分式选择问卷格式获得曼谷城市居民 VOSL 值为 87 万～148 万美元；2008 年中国罗俊鹏等基于双边界二分式选择问卷格式获得北京居民 VOSL 值为 51.3 万元。2013 年美国学者基于单边界二分式问卷格式分析了带自行车安全帽和带安全带两个场景的统计生命价值，并认为前者是后者的 7 倍。

3. 条件价值法的调查方式

条件价值法的调查方式包括面对面访问、信件回访、邮件回访、微信回访和电话访问等，其中最常用的是面对面访问。面对面访问可以当面阐述调查目的、解释调查内容、回答被调查者不理解的问题，能够有效地提高调查质量并提高调查问卷回收率，使调查结果更为真实可信。

4. 条件价值法的偏差

条件价值法理论简单、限制条件少，调查过程主观因素容易受到外界因素影响，产生各种偏差，如假设偏差、信息偏差、投标起点偏差、支付方式偏差、调查者偏差、停留时间长度偏差和调查方式偏差等，使调查结果的准确性和可靠性受到质疑。其中最主要的是假设偏差和信息偏差（风险沟通问题）。

二、确定性校准法

1. 确定性校准法的含义

确定性校准法是为克服条件价值法的假设偏差而提出的校准方法之一。目前已有许多研究提出不同的校准方法，其中包括廉价协商校准法和确定性校准法。廉价协商校准法（cheap-talk calibration approach）是指在调查问卷中告知被调查者假设偏差的存在并建议其认真考虑自己的答案，但是这种方法是否有效目前没有定论。确定性校准法（certainty calibration approach）是指在调查问卷中附加一个问题，询问被调查者对答案的确定程度。这种方法源于历史悠久的社会心理学，其基本思想是"人们对答案持有的确定性有多大，将假设转化为实际的可能性就有多大"，即被调查者对答案的确定性程度越高，将支付意愿转化为实际支付行为的概率越大，从而假设偏差就越低。

2. 确定性校准法的校准标准

确定性校准法已在许多意愿调查研究中被检验，结果证明这种方法很有前景。确定性校准法主要包括三种校准标准。第一种是针对被调查者"是"的答案设定"确定"和"不确定"两个标准，并把"不确定的是"的答案转化为"否"的答案，并被许多研究证明其数据统计分析结果与实际情况基本一致。第二种是针对被调查者"是"的答案设定"完全确定""非常确定"和"比较确定"等几个标准，并把"完全确定的是"和"非常确定的是"的答案处理为"真正的是"的答案，其他处理为"否"的答案。目前许多道路交通领域的研究利用第二种校准标准，很多学者在估计出行时间价值时指出仅将"最确定的是"的答案作为有效数据能够消除假设偏差（Swärdh，2008）。第三种是针对被调查者的答案设定 1~10 个确定性标度，并将确定性标度为 7、8、9、10 的答案处理为"是"答案。很多学者在估计瑞典道路交通统计生命价值时指出利用 10 标度确定性校准法能够大大降低假设偏差（Svensson，2009）。

三、多项 Logit 模型

1. 多项 Logit 模型的内涵

多项 Logit 模型即 MNL（multinominal logit）模型，是一种典型的非集计模型。非集计模型所研究的对象是非连续量（离散量），常被称为离散选择模型。非集计模型的理论基础是随机效用理论，基本思想有两点：一是"效用最大化"；二是"效用是一个随机变量"。

根据"效用最大化"理论：出行者在特定的选择条件下，选择其所认知的选择方案（alternative）中效用最大的方案；并且选择某方案的效用因该方案所具有的特性和出行者的特性等因素而异。假设某出行者 n 的选择方案集合为 A_n，从 A_n 中选择方案 j 的效用为 U_{jn}，则该出行者 n 从 A_n 中选择方案 i 的条件为：$U_{in} \geqslant U_{jn}$，$i \neq j$，$j \in A_n$。

根据"效用是一个随机变量"：效用函数 U 分为非随机变化部分和随机变化部分，即固定项（函数）和概率项（函数）两大部分，并且呈线性关系。因此 U_{in} 可以表示为：

$$U_{in} = V_{in} + \varepsilon_{in} \tag{4.1}$$

式中：V_{in}——出行者 n 选择方案 i 的效用函数中的固定项；

ε_{in}——出行者 n 选择方案 i 的效用函数中的概率项。

根据上述理论，出行者 n 选择方案 i 的概率 P_{in} 可以表示为：

$$P_{in} = \text{Prob}(U_{in} \geqslant U_{jn}; \ i \neq j, \ j \in A_n) = \text{Prob}(V_{in} + \varepsilon_{in} \geqslant V_{jn} + \varepsilon_{jn}; \ i \neq j, \ j \in A_n) \tag{4.2}$$

式中：$0 \leqslant P_{in} \leqslant 1$，$\sum\limits_{i \in A_n} P_{in} = 1$

如果效用函数的概率项 ε 服从二重指数分布，则可以得到 MNL 模型，此时出行者 n 选择方案 i 的概率 P_{in} 可以表示为：

$$P_{in} = \frac{e^{V_{in}}}{\sum\limits_{j \in A_n} e^{V_{jn}}} \tag{4.3}$$

当选择方案仅有 2 个时，该模型称为 2 项 Logit 模型（BL：binary logit），此时出行者 n 选择方案 i 的概率 P_{in} 可以表示为：

$$P_{1n} = \frac{e^{V_{1n}}}{e^{V_{1n}} + e^{V_{2n}}}, \ P_{2n} = \frac{e^{V_{2n}}}{e^{V_{1n}} + e^{V_{2n}}} (P_{1n} + P_{2n} = 1) \tag{4.4}$$

2. 多项 Logit 模型的建模步骤

首先确定效用函数的形式和特性变量，并据此建立建模所需的数据；其次是运用极大似然估计法标定参数，为模型检验做好准备；最后对模型进行 t 检验和其他检验。具体步骤如下：

第一步：特性变量的选择。特性变量包括选择方案的特性变量和出行者的特性变量两大类，前者由选择方案固有哑元、选择方案固有变量和选择方案公共变量 3 个部分构成。特性变量应遵循 3 大原则：变量能够明确描述选择方案的特征；变量应当尽量包括可以调节的政策变量；变量之间应相互独立。

第二步：确定效用函数形式。效用函数形式包括线性函数形式、对数线性函数形式和 CES 形式，其中最简单且最常用的是线性函数形式。假定效用函数的固定项 V 与效用函数的变量 X_{ink} 之间呈线性关系，则 V_{in} 可以表示为：

$$V_{in} = \sum_{k=1}^{K} \theta_k X_{ink} = \theta' X_{in} \qquad (4.5)$$

式中：X_{ink}——出行者 n 的第 i 个选择方案中所包含的第 k 个特性变量；

$X_{in} = [X_{in1}, X_{in2}, \cdots, X_{ink}, \cdots, X_{inK}]'$——出行者 n 的选择方案 i 的特性向量；

式中：K——特性变量的个数；

θ_k——第 k 个特性变量所对应的未知参数，且为常数；

$\theta = [\theta_1, \theta_2, \cdots, \theta_k, \cdots, \theta_K]'$——未知参数向量。

此时 MNL 模型的选择概率 P_{in} 可表示为：

$$P_{in} = \frac{e^{V_{in}}}{\sum_{j \in A_n} e^{V_{jn}}} = \frac{1}{\sum_{j \in A_n} e^{\left[\sum_{k=1}^{K} \theta_k (X_{jnk} - X_{ink})\right]}} \qquad (4.6)$$

第三步：确定对数似然函数 $L = \sum_{n=1}^{N} \sum_{i \in A_n} \delta_{in} \ln P_{in}$，计算梯度向量 ∇L 和荷塞矩阵 $\nabla^2 L$，并利用最具代表性又应用最广泛的牛顿—拉普松（NR）法获得参数 θ 的估计值。计算协方差，为计算统计量做准备。

第四步：计算 t 值与 t 检验。$t_k = \theta_k / \sqrt{v_k}$。当 $|t| > 1.96$（2.576）时，有 95%（99%）的把握认为相应的变量是对选择概率产生影响的因素；相反当 $|t| \leqslant 1.96$（2.576），在 95%（99%）的可靠性水平上认为相应的变量不对选择概率产生影响，此时将相应变量从影响因素中排出再重新估计参数。

第五步：计算其他统计量与检验。其他统计量包括样本量 N，L(0)，L(c)，$L(\hat{\theta})$，命中率 hit ratio，优度比 ρ^2，以及修正优度比 $\bar{\rho}^2 = \left(\frac{N-K}{N}\right) \rho^2$。当命中率 >80%，则认为模型的精确度相当高；$\rho^2$ 的值在 0 到 1 之间，越接近 1 模型精度越高，在实践中其值达到 0.2 ~ 0.4 时即可认为模型精度相当高；$\bar{\rho}^2$ 也是模型的适合度指标，其值越接近 1 模型精度越高。

第二节　问卷设计及数据分析

条件价值评估包括调查问卷的精心设计、调查问卷的有效管理以及调查数据的收集分析三个环节，每个环节都对统计生命价值评估的有效性和可靠性起到至关重要的作用，其中调查问卷的设计环节最为关键。

一、调查问卷设计

条件价值法调查问卷通常包括三个部分：第一部分是详述背景资料和被评估物品；第二部分是询问被调查者对所评估物品的支付意愿；第三部分是对被调查者的社会经济特征的调查。本书正式调查问卷的设计思路有三个关键点：一是将条件价值法与确定性校准法相结合，并考虑第三章研究中提及的利他行为因素和风险干扰因素等，对调查问卷的内容设计进行优化和完善；二是以开放式问卷格式引导支付意愿开展预调查，从而为正式调查问卷中小概率风险的表述方式和支付意愿初始投标值的确定提供依据；三是正式调查问卷中以单边界、双边界和三边界二分式问卷格式引导支付意愿，从而为数据比较分析和进一步的模型比较分析提供依据。

调查问卷内容（见附录二）包括五个部分：第一部分是描述大连市道路交通安全现状（背景资料），让被调查者了解道路交通事故的危害性以及提高道路交通安全的必要性；第二部分是设计假设场景，使被调查者明确被评估对象（被评估物品）；第三部分是调查问卷的核心部分，引导被调查者表述对被评估对象的最大支付意愿；第四部分是引导被调查者回答个人的社会经济特征信息；第五部分是确定性校准。

1. 描述道路交通安全现状

为了加强被调查者对道路交通事故危害性的认识，本调查利用"车辆互碰""单车撞障碍物""车辆侧翻"等图示以及近年我国和大连市道路交通客观风险水平数据予以辅助解释。由于道路交通致命事故属于小概率事件，因此为了让被调查者更好的理解"死亡率"的含义,本调查利用"方格子"图形予以辅助,即 10 000 个空白方格子代表 10 000 个人,将 x 个方格子涂黑表示道路交通事故的死亡人数。

道路交通安全现状描述如下:据大连市公安局相关数据显示,2010 年大连市道路交通事故死亡人数 249 人,约占同年所有事故造成的死亡总人数(320 人)的 78%,超过了辽宁省下达的全年考核指标(244 人)。截至 2010 年底,大连市机动车保有量近 90 万辆,万车死亡率接近 2.8。从死亡人数和万车死亡率上看,大连市道路交通安全状况亟须进一步改善和提高。

2. 设计假设场景,明确评估对象

条件价值法之所以被称为"条件"价值,是因为它以特定的假设场景和准确的风险描述为条件,因此条件价值法必须依据调查目的贴切设计假设场景并准确描述死亡风险降低值,以保证被调查者能够正确理解评估对象,为进一步回答支付意愿做好准备。

本调查问卷以私家车出行者为调查对象设计两个假设场景(如表 4 - 1 所示)。第一个假设场景是:"假设有一种可以安装在轿车中的电子安全设备,能够提供可靠的安全信息如超速提醒、红灯提醒、危险路段提醒、对面来车提醒等。它美观、轻巧,便于安装,使用期限是 10 年"。第二个假设场景是:"假设在您的居住地和工作地之间新建一条道路,与原有路的通行时间基本相同,但新建路路面线性设计合理、交通标志标线醒目、路面抗滑能力强,能够保证较高的行车安全。同时这条路实行按年收费制度"。

表 4 - 1　　　　　　　　　　条件价值法的假设场景及评估对象

序号	假设场景	评估对象(年死亡风险降低值)	支付方式
1	安装交通安全设备	2/10 000	10 年一次性支付
2	选择新建道路出行		按年支付

本调查的评估对象是死亡风险在客观风险水平(2.8 人/万车)上降低 2/3,即死亡风险降低值为 2/10 000。对于"道路交通事故死亡风险降低值"的解释需要强调四点:一是"死亡风险"专指道路交通事故造成的死亡风

险，而不包括其他原因（突发疾病等）造成的死亡风险；二是"风险降低"仅针对死亡风险降低，而不包括人身伤残风险降低和财产（车辆）损失风险降低；三是"死亡风险值"只针对您个人受益，而不包括您的乘客（如私家车出行者携带的儿童等家人或朋友）受益；四是死亡风险降低值以每年为单位，即每年死亡风险降低值。

3. 引导表述支付意愿

引导被调查者表述对死亡风险降低值的支付意愿是条件价值法调查的核心部分。本部分分为两个阶段：第一阶段是基于开放式问卷格式的预调查，根据预调查结果进行第二阶段基于二分式选择问卷格式的正式调查。

第一阶段：采用开放式的问卷格式进行预调查。两个假设场景的问题形式如下：

假设场景 1：您最多愿意花多少钱来购买这种电子安全设备？ _____元

假设场景 2：您最多愿意支付多少费用以便选择新建道路出行？ _____元/年

根据预调查结果：被调查者对假设场景 1 中电子安全设备的最大支付意愿 WTP 主要集中 200 ~ 3 000 元；对假设场景 2 中新建道路的最大支付意愿 WTP 主要集中在 50 ~ 800 元/年。

第二阶段：采用二分式选择问卷格式进行正式调查，包括单边界二分式、双边界二分式和三边界二分式。美国大气与海洋管理局（NOAA）对条件价值法的调查问卷设计提出如下准则："二分式调查问卷总样本量不得少于1 000 份，投标值应采用较易接受的分类值"。基于投标数量及样本在各投标值分布的最优设计研究（Cooper，1993），本调查确定初始投标值为 9 个，发放样本为 1 800 份且在各投标值上平均分配。对于假设场景 1，初始投标值分别为 200，300，500，800，1 000，1 500，2 000，2 500，3 000；对于假设场景 2，初始投标值分别为 50，100，150，200，300，400，500，600，800。

单边界二分式选择问题是给出初始投标值 bid_I，询问被调查者是否愿意支付（如第①题）；双边界二分式选择问题以单边界二分式选择问题为基础，根据被调查者对第①题的答案，再追加问题（若答案为愿意，则给出较高投标值 bid_U，转入第②题；若答案为不愿意，则给出较低投标值 bid_L，转入第

③题）；三边界二分式选择问题以双边界二分式选择问题为基础，根据被调查者对第②题或第③题的答案，再继续追加问题（若第②题的答案为愿意，则给出最高投标值为 bid_{MU}，转入第④题；若答案为不愿意，则给出较高投标值和初始投标值之间的投标值为 bid_{IU}，转入第⑤题。若第③题的答案为愿意，则给出较低投标值和初始投标值之间的投标值 bid_{LI}，转入第⑥题；若答案为不愿意，则给出最低投标值 bid_{ML}，转入第⑦题）。两个假设场景的具体问题形式如表4-2所示。

表4-2　　　　　　　　　　二分式选择问卷的问题设置

假设场景	二分式选择问卷的问题设置
假设场景1	①您愿意花费 bid_I 元购买这种电子安全设备吗？
	②您愿意花费 bid_U 元购买这种电子安全设备吗？
	③您愿意花费 bid_L 元购买这种电子安全设备吗？
	④您愿意花费 bid_{MU} 元购买这种电子安全设备吗？
	⑤您愿意花费 bid_{IU} 元购买这种电子安全设备吗？
	⑥您愿意花费 bid_{LI} 元购买这种电子安全设备吗？
	⑦您愿意花费 bid_{ML} 元购买这种电子安全设备吗？
假设场景2	①您愿意选择新建道路出行并为其支付每年 bid_I 元的费用吗？
	②您愿意选择新建道路出行并为其支付每年 bid_U 元的费用吗？
	③您愿意选择新建道路出行并为其支付每年 bid_L 元的费用吗？
	④您愿意选择新建道路出行并为其支付每年 bid_{MU} 元的费用吗？
	⑤您愿意选择新建道路出行并为其支付每年 bid_{IU} 元的费用吗？
	⑥您愿意选择新建道路出行并为其支付每年 bid_{LI} 元的费用吗？
	⑦您愿意选择新建道路出行并为其支付每年 bid_{ML} 元的费用吗？

4. 引导个人社会经济特征信息

道路交通统计生命价值的影响因素较多，为解释统计生命价值与个体社会经济特征之间的关系，本调查问卷基于第三章研究结论对私家车出行者的性别、年龄、驾龄、学历、车保险和月收入水平六个个人特征进行调查。在问卷设计时，追加"您的信息完全保密"的强调性语句，使被调查者对月收入水平等私密信息能够如实回答。

5. 确定性校准

为了提高被调查者的答案可靠性，本调查问卷设置"确定性校准"问项，即在调查问卷中附加一个问题，询问被调查者对答案的确定程度。校准标准设定为"一定""可能性很大""有一定的可能性""可能性很小"四个测度。

二、样本特征分析

预调查于 2010 年 9 月发放 300 份问卷，问卷发放对象为居民小区车主，问卷发放形式以个人访问为主，问卷于调查当场回收，回收数量为271 份，回复率为 90.3%。对于假设场景 1，90% 的被调查者的最大支付意愿 WTP 在 200 ~ 3 000 元；对于假设场景 2，92% 的被调查者的最大支付意愿WTP 在 50 ~ 800 元/年。

正式调查于 2011 年 3 月发放 1 800 份问卷。为保证样本的代表性，问卷发放对象包括政府机关、高校、科研部门、银行、国企、私企、外企等私家车车主。为确保问卷的回复率和回复质量，问卷发放形式以企业访问为主。国内外应用 CVM 估算 VOSL 时，调查问卷的回收时间大多数在问卷发放后的2 ~ 3 个月以内，本研究调查问卷的回收时间是 2011 年 4 ~ 6 月，回收数量是1 453 份，回复率为 80.7%。数据有效性检验遵循四个原则：第一，排除没有回答"WTP"问题的问卷；第二，排出"WTP"值（折算到月）高于家庭月收入 1/5 的问卷；第三，排除个人特征信息漏选或多选的问卷；"WTP = 0"的数据意味着个人意愿支付为零，这是合理的现象，这一数据视为有效数据；第四，根据确定性校准结果，选择回答"一定"和"可能性很大"两个测度的问卷，排除回答"有一定的可能性"和"可能性很小"测度以及没有回答的问卷。

对于假设场景 1：经过有效性检验，在回复的 1 453 份调查问卷中，1 098 份问卷的数据是有效的，问卷有效率为 75.6%。在 1 098 份有效问卷中，有 843 人表示愿意购买电子安全设备（WTP > 0），有 255 人表示不愿意购买电子安全设备（WTP = 0）。在不愿意支付者中，有 126 人由于经济原因不能支付并表示如果收入增加就愿意购买，这说明被访者将经济因素考虑到支付意愿当中；有 129 人认为电子安全产品对降低道路交通致命事故的作用不大。通过拒绝支付的原因分析，除经济因素外的拒绝支付被视为真实拒绝支付，抗议率为 11.7%（129/1 098）。调查问卷抗议率较低说明问卷设计的效果较好。最后统计分析问卷为 969（843 + 126）份，样本基本信息描述如表 4 - 3 所示。

表 4 - 3　　　　　　　　　　假设场景 1 的样本特征描述

描述指标		比例（%）	描述指标		比例（%）
性别	男	65.5	学历	本科以下	30.2
	女	34.5		本科及以上	69.8
年龄	18~40 岁	50.2	车保险	未保车损险	40.6
	>40 岁	49.8		保车损险	59.4
驾龄	≤3 年	40.1	月收入	≤5 000 元	68.8
	>3 年	59.9		>5 000 元	31.2

对于假设场景 2：经过有效性检验，在回复的 1 450 份调查问卷中，1 056 份问卷的数据是有效的，问卷有效率为 72.7%。在 1 056 份有效问卷中，有 848 人表示愿意为此项目支付费用（WTP > 0），有 208 人表示不愿意为此项目支付费用（WTP = 0）。在不愿意支付者中，有 78 人由于经济原因不能支付并表示如果收入增加就能支付，这说明被访者将经济因素考虑到支付意愿当中；有 102 人认为道路新建项目应该由政府部门或道路交通管理部门支付；有 19 人担心支付的钱不能真正用到道路新建项目中；有 9 人认为道路新建项目对降低道路交通致命事故的作用不大。通过对拒绝支付的原因分析，除经济因素外其他拒绝支付都被视为真实拒绝支付，抗议率为 $12.3\%\left(\dfrac{102 + 19 + 9}{1\ 056}\right)$。调查问卷抗议率较低说明问卷设计的效果较好。最后统计分析问卷为 926（848 + 78）份，样本基本信息描述如表 4 - 4 所示。

表 4 - 4   假设场景 2 的样本特征描述

描述指标		比例（%）	描述指标		比例（%）
性别	男	68.8	学历	本科以下	27.2
	女	31.2		本科及以上	72.8
年龄	18~40 岁	57.7	车保险	未保车损险	42.3
	>40 岁	42.3		保车损险	57.7
驾龄	≤3 年	37.5	月收入	≤5 000 元	71.1
	>3 年	62.5		>5 000 元	28.9

三、调查数据分析

在二分式选择问卷投标值设计时，应尽量使投标值范围刚好能够覆盖整个样本的 WTP，即对最小投标值的支持率接近 100%，对最大投标值的支持率几乎为零。根据美国大气与海洋管理局（NOAA）对条件价值法调查问卷设计提出的准则，最小投标值应使绝大多数人（90%）能接受，最大投标值应使绝大多数人（90%）拒绝接受。

1. 单边界二分式选择问卷投标值样本分布

假设场景 1 和假设场景 2 的单边界二分式选择问卷各投标值的样本分布情况分别如表 4 - 5 和表 4 - 6 所示，其中 Y 表示愿意（YES）的概率，N 表示不愿意（NO）的概率。

表 4 - 5   假设场景 1 的单边界二分式选择问卷投标值分布

评估对象	反应结果	1	2	3	4	5	6	7	8	9
死亡风险降低值	初始投标值 bid_1	200	300	500	800	1 000	1 500	2 000	2 500	3 000
2/10 000	Y（%）	90.4	85.4	76.4	60.3	48.2	35.5	27.1	17.2	12.5
	N（%）	9.6	14.6	23.6	39.7	51.8	64.5	72.9	82.8	87.5

表4-6   假设场景2的单边界二分式选择问卷投标值分布

评估对象	反应结果	1	2	3	4	5	6	7	8	9
死亡风险降低值	初始投标值 bid_I	50	100	150	200	300	400	500	600	800
2/10 000	Y（%）	87.5	83.5	72.4	58.8	42.6	33.3	23.8	15.9	12.4
	N（%）	12.5	16.5	27.6	41.2	57.4	66.7	76.2	84.1	87.6

对于假设场景1，当死亡风险降低值为2/10 000时，初始投标值最小值200元的支付率为90.4%，说明其余9.6%的被调查者的 WTP 小于200元；初始投标值最大值3 000元的支付率为12.5%，说明12.5%的被调查者的 WTP 大于3 000元。

对于假设场景2，当死亡风险降低值为2/10 000时，初始投标值最小值50元的支付率为87.5%，说明其余12.5%的被调查者的 WTP 小于50元；初始投标值最大值800元的支付率为12.4%，说明12.4%的被调查者的 WTP 大于800元。

2. 双边界二分式选择问卷投标值样本分布

以单边界二分式选择问卷格式为基础追加询问投标值后，假设场景1的双边界二分式选择问卷的投标值范围扩大为100~5 000元，假设场景2的双边界二分式选择问卷的投标值范围扩大为20~1 500元。样本分布情况分别如表4-7和表4-8所示，其中 YY 表示从愿意到愿意的概率，YN 表示从愿意到不愿意的概率，NY 表示从不愿意到愿意的概率，NN 表示从不愿意到不愿意的概率。

表4-7   假设场景1的双边界二分式选择问卷投标值分布

评估对象	反映结果	1	2	3	4	5	6	7	8	9
死亡风险降低值	初始投标值 bid_I	200	300	500	800	1 000	1 500	2 000	2 500	3 000
	较高投标值 bid_U	400	500	800	1 200	1 500	2 000	3 000	40 000	5 000
	较低投标值 bid_L	100	200	300	500	800	1 000	1 500	1 500	2 000

续表

评估对象	反映结果	1	2	3	4	5	6	7	8	9
2/10 000	YY（%）	33.1	31.6	28.9	25.2	21.7	16.2	12.8	8.6	5.8
	YN（%）	57.3	53.8	47.5	35.1	26.5	19.3	14.3	8.6	6.7
	NY（%）	5.4	8.6	10.8	16.5	21.6	26.5	29.8	35.1	32.3
	NN（%）	4.2	6.0	12.8	23.2	30.2	38	43.1	47.7	55.2

表 4 – 8   假设场景 2 的双边界二分式选择问卷投标值分布

评估对象	反映结果	1	2	3	4	5	6	7	8	9
死亡风险 降低值	初始投标值 bid_I	50	100	150	200	300	400	500	600	800
	较高投标值 bid_U	100	200	300	400	500	600	800	1 000	1 500
	较低投标值 bid_L	20	50	100	100	150	200	300	400	500
2/10 000	YY（%）	31.2	28.6	29.7	23.2	17.1	12.6	10.8	8.7	3.9
	YN（%）	56.3	54.9	42.7	35.6	35.5	30.7	23	17.2	8.5
	NY（%）	4.5	6.8	10.8	25.6	24.1	25.6	28.9	31.5	33
	NN（%）	8	9.7	16.8	15.6	23.3	31.1	37.3	42.6	54.6

对于假设场景 1，当死亡风险降低值为 2/10 000 时，较低投标值最小值 100 元的支付率为 95.8%，说明其余 4.2% 被调查者 WTP 小于 100 元，较高投标值最大值 5 000 元的支付率为 5.8%，说明 5.8% 被访者 WTP 大于 5 000 元。

对于假设场景 2，当死亡风险降低值为 2/10 000 时，较低投标值最小值 20 元的支付率为 92%，说明其余 8% 被调查者 WTP 小于 20 元；较高投标值最大值 1 500 元的支付率为 3.9%，说明 3.9% 被调查者 WTP 大于 1 500 元。综上所述，与单边界二分式问卷相比，双边界二分式选择问卷使更多被调查者的 WTP 落在投标值的范围内。

3. 三边界二分式选择问卷投标值样本分布

以双边界二分式选择问卷格式为基础追加询问投标值后，假设场景 1 的三边界二分式选择问卷投标值范围扩大为 50 ~ 6 000 元，假设场景 2 扩大为 5 ~ 2 000 元。样本分布分别如表 4 – 9 和表 4 – 10 所示，其中 YYY、YYN、

YNY、YNN、NYY、NYN、NNY 和 NNN 分别表示愿意—愿意—愿意、愿意—愿意—不愿意、愿意—不愿意—愿意、愿意—不愿意—不愿意、不愿意—愿意—愿意、不愿意—愿意—不愿意、不愿意—不愿意—愿意和不愿意—不愿意—不愿意的概率。

表 4 - 9　　　　假设场景 1 的三边界二分式选择问卷投标值分布

评估对象	反映结果	1	2	3	4	5	6	7	8	9
死亡风险降低值	初始投标值 bid_I	200	300	500	800	1 000	1 500	2 000	2 500	3 000
	较高投标值 bid_U	400	500	800	1 200	1 500	2 000	3 000	4 000	5 000
	最高投标值 bid_{MU}	500	800	1 000	1 500	2 000	2 500	4 000	5 000	6 000
	之间投标者 bid_{IU}	300	400	600	1 000	1 200	1 800	2 500	3 000	4 000
	较低投标值 bid_L	100	200	300	500	800	1 000	1 500	1 500	2 000
	之间投标值 bid_{LI}	150	250	400	600	900	1 200	1 800	2 000	2 500
	最低投标值 bid_{ML}	50	100	200	300	600	800	1 000	1 000	1 000
2/10 000	YYY（%）	23.1	18.4	16.5	13.1	9.8	7.9	7.4	5.8	3.1
	YYN（%）	10	13.2	12.4	12.1	11.9	8.3	5.4	2.8	2.7
	YNY（%）	25.7	26.4	25.1	18.4	20	17.7	10.1	8.6	5.3
	YNN（%）	31.6	27.4	22.4	16.7	6.5	1.6	4.2	0	1.4
	NYY（%）	1.8	2.7	5.4	11.2	15.3	9.7	12.4	15.2	19.5
	NYN（%）	3.6	5.9	5.4	5.3	6.3	16.8	17.4	19.9	12.8
	NNY（%）	3.2	5.3	10.2	11.5	11.4	19.5	23	21.4	34.5
	NNN（%）	1.8	0.7	2.6	11.7	18.8	18.5	20.1	26.3	20.7

表 4 - 10　　　　假设场景 2 的三边界二分式选择问卷投标值分布

评估对象	项目	1	2	3	4	5	6	7	8	9
死亡风险降低值	初始投标值 bid_I	50	100	150	200	300	400	500	600	800
	较高投标值 bid_U	100	200	300	400	500	600	800	1 000	1 500
	最高投标值 bid_{MU}	200	300	400	500	600	800	1 000	1 500	2 000
	之间投标者 bid_{IU}	75	150	200	300	400	500	600	800	1 000

续表

评估对象	项目	1	2	3	4	5	6	7	8	9
死亡风险 降低值	较低投标值 bid_L	20	50	100	100	150	200	300	400	500
	之间投标值 bid_{LI}	30	75	125	150	200	300	400	500	600
	最低投标值 bid_{ML}	10	20	50	50	100	100	200	200	300
2/10 000	YYY（%）	20.5	16.4	15.6	11.3	8.9	7.6	6.4	4.8	2.1
	YYN（%）	10.7	12.2	14.1	11.9	8.2	5	4.4	3.9	1.8
	YNY（%）	23.7	24.3	15.2	14.8	17	14	8	6.8	3.6
	YNN（%）	32.6	30.6	27.5	20.4	18.5	16.7	15	10.4	4.9
	NYY（%）	1.4	2.4	4.4	9.9	13.5	7.1	14.2	18.5	18
	NYN（%）	3.1	4.4	6.4	15.7	10.6	18.5	14.7	13	15
	NNY（%）	6	7.3	12.2	10	13.1	18.5	22.3	23.7	34.9
	NNN（%）	2	2.4	4.6	5.6	10.2	12.6	15	18.9	19.7

对于假设场景 1，当死亡风险降低值为 2/10 000，最低投标值最小值 50 元的愿意支付率为 98.2%，说明 1.8% 被调查者 WTP 小于 50 元；最高投标值最大值 6 000 元的愿意支付率为 3.1%，说明 3.1% 被访者 WTP 大于 6 000 元。

对于假设场景 2，当死亡风险降低值为 2/10 000 最低投标值最小值 10 元的愿意支付率为 98%，说明 2% 被调查者 WTP 小于 10 元；最高投标值最大值 2 000 元的愿意支付率为 2.1%，说明 2.1% 被调查者 WTP 大于 2 000 元。综上所述，与双边界二分式问卷相比，三边界二分式问卷使更多被调查者的 WTP 落在投标值范围内。

第三节　单边界二分式 VOSL 评价模型构建与标定

二分式选择问卷不是直接询问被调查者的支付意愿，而是通过建立被调查者反应结果的概率与投标值之间的函数关系推导出支付意愿，进而根据统计生命价值定义计算统计生命价值的评估值。

一、单边界二分式 VOSL 评价模型构建

单边界二分式选择问卷给出初始投标值 bid_I，被调查者对初始投标值存在两种反应，即愿意或不愿意。根据 MNL 模型基本原理，统计生命价值评价模型构建步骤如下：

第一步：特性变量的选择。模型的选择方案有两个，一个是对初始投标值的愿意反应（Y），第二个是对初始投标值的不愿意反应（N）。特性变量包括选择方案特性变量和被调查者特性变量，其中选择方案特性变量包括选择方案固有哑元和选择方案固有变量，选择方案固有变量包括初始投标值与死亡风险降低值，出行者特性变量包括性别、驾龄、学历、车保险和个人月收入，如表 4 - 11 所示。

表 4 - 11 模型的特性变量

选择方案	选择方案特性			被调查者特性				
	选择方案固有哑元	选择方案固有变量		性别	驾龄	学历	车保险	月收入
		投标值	风险值					
愿意（Y）	1	bid_I	$r(Y)$	X_{n1}	X_{n2}	X_{n3}	X_{n4}	X_{n5}
不愿意（N）	0	0	$r(N)$	0	0	0	0	0
未知参数	a	β	b	γ_1	γ_2	γ_3	γ_4	γ_5

第二步：确定效用函数的固定项。假设被调查者 n 对初始投标值的反应的效用函数 U_n 的固定项 V_n 与初始投标值 bid_I，死亡风险水平 r 和个人特征变量 X_{nk} 呈线性关系，则被调查者 n 选择"愿意"的效用函数的固定项 V_n（Y）可表示为：

$$V_n(Y) = a + \beta bid_I + br(Y) + \sum_{k=1}^{5} \gamma_k X_{nk} \tag{4.7}$$

被调查者 n 选择"不愿意"的效用函数的固定项 $V_n(N)$ 可表示为：

$$V_n(N) = br(N) \tag{4.8}$$

式中：a 是固有哑元；β、b 分别表示初始投标值和死亡风险值两个变量的未知参数；r(Y)、r(N) 分别表示"愿意"的死亡风险值和"不愿意"的死亡风险值；$X_{nk}(k = 1, \cdots, 5)$ 表示被调查者 n 的第 k 个个人特性变量，γ_k (k = 1, \cdots, 5) 表示第 k 个个人特性变量的未知参数。

第三步：确定选择概率函数。两个选择方案的风险值之差 r(Y) − r(N) 是固定值，令 a + b[r(Y) − r(N)] = α，则两者效用函数的固定项之差可表示为：

$$V_n(Y) - V_n(N) = \alpha + \beta bid_I + \sum_{k=1}^{5} \gamma_k X_{nk} \tag{4.9}$$

因此，被调查者 n 选择"愿意"和"不愿意"的概率函数分别表示为：

$$P_n(Y) = \frac{1}{1 + e^{(-\alpha - \beta bid_I - \sum_{k=1}^{5} \gamma_k X_{nk})}} \tag{4.10}$$

$$P_n(N) = \frac{1}{1 + e^{(\alpha + \beta bid_I + \sum_{k=1}^{5} \gamma_k X_{nk})}} \tag{4.11}$$

第四步：确定对数似然函数，并利用极大似然估计法标定参数。

$$L^{SB} = \sum_{n=1}^{N} \left[\delta_Y \ln P_n(Y) + \delta_N \ln P_n(N) \right] \tag{4.12}$$

式中：L^{SB} 表示单边界二分式 VOSL 评价模型的对数似然函数；δ_Y、δ_N 为 0 ~ 1 指示参数，当被调查者的反应为 Y 时，$\delta_Y = 1$，$\delta_N = 0$，反之定义类似；N 表示样本容量。

第五步：推导支付意愿的平均值 E(WTP)。根据汉内曼（Hannemann）推导，在 WTP≥0 时被调查者的平均支付意愿可表示为：

$$E(WTP) = \int_0^{+\infty} P(Y) d_{bid_I} = \frac{1}{-\beta} \ln\left(1 + e^{\alpha + \sum_{k=1}^{5} \gamma_k \bar{X}_k}\right) \tag{4.13}$$

式中：$\bar{X}_k$ 表示第 k 个个人特性变量的均值。

第六步：推导 VOSL 评价模型。根据统计生命价值定义，单边界二分式 VOSL 评价模型表示为：

$$VOSL = \frac{E(WTP)}{T \cdot \Delta R} \tag{4.14}$$

式中：T 表示支付年数，$\frac{E(WTP)}{T}$ 表示每年平均支付意愿，ΔR 表示死亡风险降低值。

根据 CVM 调查数据，采用极大似然估计法并借助 Gauss 软件，分别针对两个假设场景的单边界、双边界和三边界二分式 VOSL 评价模型进行参数标定和检验，并采用基于方差协方差矩阵的模拟方法（Park et al.，1991），对平均支付意愿的置信区间进行计算，最后对三种 VOSL 评价模型进行比较分析，从而提出精确性更高的评价模型。

二、单边界二分式 VOSL 评价模型标定

单边界二分式 VOSL 评价模型的最终标定结果如表 4 – 12 所示。对于假设场景 1 和假设场景 2，β 的评估值分别为 – 0.008 和 – 0.030，表明被调查者对交通安全设备和对新建道路的支付意愿均与初始投标值负相关；γ_5 的评估值分别为 0.038 和 0.068，表明被调查者对交通安全设备和对新建道路的支付意愿均与月收入水平正相关，这两点表明两个场景的评价模型均通过了经济学检验。拟合优度值分别为 0.2065 和 0.2182，命中率分别为 80.48% 和 82.15%，说明两个场景的评价模型精度都达到可接受标准。

表 4 – 12   单边界二分式 VOSL 评价模型标定结果

变量	参数	假设场景 1		假设场景 2	
		参数估计	t – 检验	参数估计	t – 检验
常数项	α	9.726	1.894	4.822	1.791
投标值（元/年）	β	– 0.008	– 4.23 **	– 0.030	– 5.86 **
性别（男性：0；否则为1）	γ_1	0.011	1.998 *	0.013	1.962 *
驾龄（≤3 年：0；否则为1）	γ_2	– 0.019	– 1.986 *	– 0.031	– 2.168 *
学历（本科以下：0；否则1）	γ_3	0.012	2.23 *	0.025	2.079 *
车保险（未保车损险：0；否则为1）	γ_4	0.016	2.379 *	0.036	2.04 *
月收入（≤5 000 元：0；否则为1）	γ_5	0.038	6.85 **	0.068	7.1 **
样本量		969		926	
ρ^2		0.2065		0.2182	
hit ratio		80.48%		82.15%	

变量	参数	假设场景 1		假设场景 2	
		参数估计	t－检验	参数估计	t－检验
E（WTP）（元）		1 218. 32		162.43	
95% 置信区间（元/年）		1 027. 34 ~ 1 523. 59		134. 68 ~ 190. 32	
VOSL（万元）		60. 92		81. 21	

注：** 显著性检验水平为 1%，* 显著性检验水平为 5%。

第四节　双边界二分式 VOSL 评价模型构建与标定

一、双边界二分式 VOSL 评价模型构建

双边界二分式选择问卷是在单边界二分式选择问卷基础上再给出投标值，如果被调查者对初始投标值 bid_I 的反应是愿意，则给出较高投标值 bid_U；如果反应是不愿意，则给出较低投标值 bid_L。被调查者面对两次选择存在 4 种反应结果（YY，YN，NY，NN），支付意愿区间分别为（bid_U，$+\infty$），（bid_I，bid_U），（bid_L，bid_I）和（0，bid_L）。基于 MNL 模型基本原理，VOSL 评价模型推导的第一步和第二步同第三节内容一致。

第三步：被调查者 n 选择 YY、YN、NY 与 NN 的反应概率分别表示为：

$$P_n(YY) = 1 - \frac{1}{1 + e^{(\alpha + \beta bid_U + \sum_{k=1}^{5} \gamma_k X_{nk})}} \tag{4.15}$$

$$P_n(YN) = \frac{1}{1 + e^{(\alpha + \beta bid_U + \sum_{k=1}^{5} \gamma_k X_{nk})}} - \frac{1}{1 + e^{(\alpha + \beta bid_I + \sum_{k=1}^{5} \gamma_k X_{nk})}} \tag{4.16}$$

$$P_n(NY) = \frac{1}{1 + e^{(\alpha + \beta bid_I + \sum_{k=1}^{5} \gamma_k X_{nk})}} - \frac{1}{1 + e^{(\alpha + \beta bid_L + \sum_{k=1}^{5} \gamma_k X_{nk})}} \tag{4.17}$$

$$P_n(NN) = \frac{1}{1 + e^{(\alpha + \beta bid_L + \sum_{k=1}^{5} \gamma_k X_{nk})}} \tag{4.18}$$

式中：$\mathrm{bid_I}$、$\mathrm{bid_U}$、$\mathrm{bid_L}$ 分别表示初始投标值、较高投标值和较低投标值 $(0 < \mathrm{bid_L} < \mathrm{bid_I} < \mathrm{bid_U})$。

第四步：双边界二分式 VOSL 评价模型的对数似然函数表示为：

$$L^{DB} = \sum_{n=1}^{N} \left[\delta_{YY} \ln P_n(YY) + \delta_{YN} \ln P_n(YN) + \delta_{NY} \ln P_n(NY) + \delta_{NN} \ln P_n(NN) \right]$$

(4.19)

式中：δ_{YY}、δ_{YN}、δ_{NY} 和 δ_{NN} 为 0 ~ 1 指示参数。当被调查者的反应为 YY 时，$\delta_{YY} = 1$，其余均为 0，其他定义类似；N 表示样本容量。

第五步：根据汉内曼推导，在 WTP $\geq$ 0 时，被调查者的平均支付意愿表示为：

$$E(WTP) = \frac{1}{-\beta} \ln\left(1 + e^{\alpha + \sum_{k=1}^{5} \gamma_k \bar{x}_k}\right)$$

(4.20)

第六步：根据统计生命价值定义，双边界二分式 VOSL 评价模型可表示为：

$$VOSL = \frac{E(WTP)}{T \cdot \Delta R}$$

(4.21)

二、双边界二分式 VOSL 评价模型标定

双边界二分式 VOSL 评价模型的最终标定结果如表 4 - 13 所示。对于假设场景 1 和假设场景 2，β 的评估值分别为 - 0.008 和 - 0.034，表明被调查者对交通安全设备和对新建道路的支付意愿均与投标值负相关；γ_5 的评估值分别为 0.036 和 0.067，表明被调查者对交通安全设备和对新建道路的支付意愿均与月收入水平正相关，这两点表明两个场景的评价模型均通过了经济学检验。拟合优度值分别为 0.2276 和 0.2513，命中率分别为 82.89% 和 84.56%，说明两个场景的评价模型精度都达到可接受标准。

表 4 - 13   双边界二分式 VOSL 评价模型标定结果

变量	参数	假设场景 1		假设场景 2	
		参数估计	t - 检验	参数估计	t - 检验
常数项	α	8.437	1.601	4.012	1.349

续表

变量	参数	假设场景 1		假设场景 2	
		参数估计	t - 检验	参数估计	t - 检验
投标值（元/年）	β	- 0.008	- 4.46 **	- 0.034	- 5.81 **
性别（男性：0；否则为 1）	γ_1	0.012	2.08 *	0.019	1.98 *
驾龄（≤3 年：0；否则为 1）	γ_2	- 0.018	- 2.16 *	- 0.038	- 1.991 *
学历（本科以下：0；否则 1）	γ_3	0.015	2.30 *	0.029	2.12 *
车保险（未保车损险：0；否则为 1）	γ_4	0.013	2.341 *	0.025	2.33 *
月收入（≤5 000 元：0；否则为 1）	γ_5	0.036	6.57 **	0.067	7.16 **
样本量		969		926	
ρ^2		0.2276		0.2513	
hit ratio		82.89%		84.56%	
E（WTP）（元）		1 057.32		119.60	
95% 置信区间（元）		918.47 ~ 1 203.65		100.26 ~ 134.58	
VOSL（万元）		52.87		59.80	

注：** 显著性检验水平为 1%，* 显著性检验水平为 5%。

第五节　三边界二分式 VOSL 评价模型构建与标定

一、三边界二分式 VOSL 评价模型构建

三边界二分式选择问卷是在双边界二分式选择问卷基础上再给出投标值，如果被调查者对较高投标值 bid_U 的反应是愿意则给出最高投标值 bid_{MU}，不愿意则给出初始投标值与较高投标值之间投标值 bid_{IU}；如果被调查者对较低投标值 bid_L 的反应是愿意则给出较低投标值和初始投标值之间投标值 bid_{LI}，不愿意则给出最低投标值 bid_{ML}。被调查者面对 3 次选择存在 8 种可能反应（YYY，YYN，YNY，YNN，NYY、NYN、NNY、NNN），支付意愿区间分别为（bid_{MU}，$+\infty$），（bid_U，bid_{MU}），（bid_{IU}，bid_U），（bid_I，bid_{IU}），（bid_{LI}，

bid_I），（bid_L，bid_{LI}），（bid_{ML}，bid_L）和（0，bid_{ML}）。根据 MNL 模型基本原理，VOSL 评价模型推导的第一步和第二步同第三节内容一致。

第三步：被调查者 n 选择 YYY、YYN、YNY、YNN、NYY、NYN、NNY、NNN 的反应概率分别表示为：

$$P_n(YYY) = 1 - \frac{1}{1 + e^{(\alpha + \beta bid_{MU} + \sum_{k=1}^{5} \gamma_k X_{nk})}} \tag{4.22}$$

$$P_n(YYN) = \frac{1}{1 + e^{(\alpha + \beta bid_{MU} + \sum_{k=1}^{5} \gamma_k X_{nk})}} - \frac{1}{1 + e^{(\alpha + \beta bid_U + \sum_{k=1}^{5} \gamma_k X_{nk})}} \tag{4.23}$$

$$P_n(YNY) = \frac{1}{1 + e^{(\alpha + \beta bid_U + \sum_{k=1}^{5} \gamma_k X_{nk})}} - \frac{1}{1 + e^{(\alpha + \beta bid_{IU} + \sum_{k=1}^{5} \gamma_k X_{nk})}} \tag{4.24}$$

$$P_n(YNN) = \frac{1}{1 + e^{(\alpha + \beta bid_{IU} + \sum_{k=1}^{5} \gamma_k X_{nk})}} - \frac{1}{1 + e^{(\alpha + \beta bid_I + \sum_{k=1}^{5} \gamma_k X_{nk})}} \tag{4.25}$$

$$P_n(NYY) = \frac{1}{1 + e^{(\alpha + \beta bid_I + \sum_{k=1}^{5} \gamma_k X_{nk})}} - \frac{1}{1 + e^{(\alpha + \beta bid_{LI} + \sum_{k=1}^{5} \gamma_k X_{nk})}} \tag{4.26}$$

$$P_n(NYN) = \frac{1}{1 + e^{(\alpha + \beta bid_{LI} + \sum_{k=1}^{5} \gamma_k X_{nk})}} - \frac{1}{1 + e^{(\alpha + \beta bid_L + \sum_{k=1}^{5} \gamma_k X_{nk})}} \tag{4.27}$$

$$P_n(NNY) = \frac{1}{1 + e^{(\alpha + \beta bid_L + \sum_{k=1}^{5} \gamma_k X_{nk})}} - \frac{1}{1 + e^{(\alpha + \beta bid_{ML} + \sum_{k=1}^{5} \gamma_k X_{nk})}} \tag{4.28}$$

$$P_n(NNN) = \frac{1}{1 + e^{(\alpha + \beta bid_{ML} + \sum_{k=1}^{5} \gamma_k X_{nk})}} \tag{4.29}$$

式中：bid_I，bid_U，bid_L，bid_{MU}，bid_{IU}，bid_{LI}，bid_{ML}分别表示初始投标值、较高投标值、较低投标值、最高投标值、初始投标值与较高投标值之间投标值、较低投标值与初始投标值之间投标值和最低投标值（$0 < bid_{ML} < bid_L < bid_{LI} < bid_I < bid_{IU} < bid_U < bid_{MU}$）。

第四步：三边界二分式 VOSL 评价模型的对数似然函数可表示为：

$$\begin{aligned}
L^{TB} = \sum_{i=1}^{N} [& \delta_{YYY} \ln P_n(YYY) + \delta_{YYN} \ln P_n(YYN) + \delta_{YNY} \ln P_n(YNY) \\
& + \delta_{YNN} \ln P_n(YNN) + \delta_{NYY} \ln P_n(NYY) + \delta_{NYN} \ln P_n(NYN) \\
& + \delta_{NNY} \ln P_n(NNY) + \delta_{NNN} \ln P_n(NNN)]
\end{aligned} \tag{4.30}$$

式中: δ_{YYY}, δ_{YYN}, δ_{YNY}, δ_{YNN}, δ_{NYY}, δ_{NYN}, δ_{NNY}, δ_{NNN} 为 0 ~ 1 指示参数, 当被调查者的反应为 YYY 时, $\delta_{YYY} = 1$, 其余均为 0, 其他定义类似; N 表示样本容量。

第五步: 被调查者的平均支付意愿可表示为:

$$E(WTP) = \frac{1}{-\beta} \ln(1 + e^{\alpha + \sum_{k=1}^{5} \gamma_k \bar{x}_k}) \qquad (4.31)$$

第六步: 根据统计生命价值定义, 三边界二分式 VOSL 评价模型可表示为:

$$VOSL = \frac{E(WTP)}{T \cdot \Delta R} \qquad (4.32)$$

二、三边界二分式 VOSL 评价模型标定

三边界二分式 VOSL 评价模型的最终标定结果如表 4 – 14 所示。对于假设场景 1 和假设场景 2, β 的评估值分别为 – 0.008 和 – 0.035, 表明被调查者对交通安全设备和对新建道路的支付意愿均与投标值负相关; γ_5 的评估值分别为 0.047 和 0.074, 表明被调查者对交通安全设备和对新建道路的支付意愿均与月收入水平正相关, 这两点表明两个场景的评价模型均通过了经济学检验。拟合优度值分别为 0.2446 和 0.2847, 命中率分别为 84.85% 和 86.69%, 说明两个场景的评价模型精度都达到可接受标准。

表 4 – 14　　　　　　　三边界二分式 VOSL 评价模型标定结果

变量	参数	假设场景 1		假设场景 2	
		参数估计	t – 检验	参数估计	t – 检验
常数项	α	6.418	1.907	3.049	1.275
投标值 (元/年)	β	– 0.008	– 6.85**	– 0.035	– 6.14**
性别 (男性: 0; 否则为 1)	γ_1	0.023	1.986*	0.031	1.97*
驾龄 (≤3 年: 0; 否则为 1)	γ_2	– 0.029	– 2.230*	– 0.051	– 2.190*
学历 (本科以下: 0; 否则 1)	γ_3	0.024	2.379*	0.038	2.42*
车保险 (未保车损险: 0; 否则为 1)	γ_4	0.017	2.477*	0.037	2.091*
月收入 (≤5 000 元: 0; 否则为 1)	γ_5	0.047	4.23**	0.074	3.16**

续表

变量	参数	假设场景 1		假设场景 2	
		参数估计	t – 检验	参数估计	t – 检验
样本量		969		926	
ρ^2		0. 2446		0. 2847	
hit ratio		84. 85%		86. 69%	
E（WTP）（元）		806. 20		89. 76	
95% 置信区间（元）		738. 76 ~ 919. 75		80. 65 ~ 104. 09	
VOSL（万元）		40. 31		44. 88	

注：** 显著性检验水平为 1% ，* 显著性检验水平为 5% 。

第六节　VOSL 评价模型标定结果比较分析

一、不同评价模型间的比较分析

对于假设场景 1，单边界、双边界和三边界二分式 VOSL 评价模型的 E（WTP）差异较大，分别为 1 218. 32 元、1 057. 32 元和 806. 20 元。单边界二分式模型估计结果比双边界二分式模型大 15. 2%，而双边界二分式模型估计结果比三边界二分式模型大 31. 1%。单边界、双边界两和三边界二分式模型估计 WTP 的 95% 置信区间差异也较大，分别为 1 027. 34 ~ 1 523. 59 元、918. 47 ~ 1 203. 65 元和 738. 76 ~ 919. 75 元。单边界二分式模型置信区间范围是双边界二分式模型置信区间范围的 1. 7 倍，而双边界二分式模型置信区间范围是三边界二分式模型置信区间范围的 1. 6 倍。

对于假设场景 2，单边界、双边界和三边界二分式 VOSL 评价模型的 E（WTP）差异较大，分别为 162. 43 元、119. 60 元和 89. 76 元。单边界二分式模型估计结果比双边界二分式模型大 35. 8%，而双边界模型估计结果比三边界二分式模型大 33. 2%。单边界、双边界两和三边界二分式 VOSL 评价模型估计 WTP 的 95% 置信区间差异也较大，分别为 134. 68 ~ 190. 32

元、100.26～134.58 元和 80.65～104.09 元。单边界二分式模型置信区间范围是双边界二分式模型置信区间范围的 1.6 倍，而双边界二分式模型置信区间范围是三边界二分式模型置信区间范围的 1.5 倍。

双边界二分式模型的 E（WTP）值小于单边界二分式模型，估计 WTP 的 95% 置信区间范围也小于单边界二分式模型，这是因为双边界二分式选择问卷在单边界二分式选择问卷基础上增加了一次询问，获得了被调查者关于 WTP 的更多信息，缩小了被调查者的最大支付意愿区间范围。具体地说，单边界二分式选择问卷中，如果被调查者对 bid_I 回答是"愿意"，表明他的最大支付意愿在（bid_I，$+\infty$）范围内；双边界二分式问卷中，如果被调查者对 bid_U 回答是"愿意"，表明他的最大支付意愿在（bid_U，$+\infty$）范围内，如果回答是"不愿意"，则表明他的最大支付意愿在（bid_I，bid_U）范围内。由此可见，与单边界二分式模型相比，双边界二分式模型增加了估计的精确性。这与目前的许多研究结论一致。

同理，三边界二分式模型的 E（WTP）值小于双边界二分式模型，估计 WTP 的 95% 置信区间范围也小于双边界二分式模型，这是因为三边界二分式选择问卷在双边界二分式选择问卷基础上又增加了一次询问，进一步缩小了被调查者的最大支付意愿区间范围。具体地说，双边界二分式选择问卷中，如果被调查者对 bid_U 回答是"愿意"，表明他的最大支付意愿在（bid_U，$+\infty$）范围内；三边界二分式选择问卷中，如果被调查者对 bid_{MU} 回答是"愿意"，表明他的最大支付意愿在（bid_{MU}，$+\infty$）范围内，如果回答是"不愿意"，则表明他的最大支付意愿在（bid_U，bid_{MU}）范围内。由此可见，与双边界二分式模型相比，三边界二分式模型增加了估计的精确性，这与目前相关研究结论基本一致。综上所述，与单边界与双边界二分式模型相比，三边界二分式模型具有更高的精确性。

二、不同假设场景间的比较分析

由表 4－14 可知，对于购买交通安全产品的假设场景，三边界二分式模型标定的道路交通统计生命价值为 40.13 万元；对于支付新建道路的假设场景，三边界二分式模型标定的道路交通统计生命价值为 44.88 万元。根据对大连市保险公司的实地调查数据，大连市对道路交通致命事故的赔偿额在15万元至70万元之间，可见本研究结果是合理的并且符合实际情况。

两个假设场景下的道路交通统计生命价值评估值有所不同，说明统计生命价值因风险背景不同而有所差异。也就是说，统计生命价值因制定的道路交通安全政策或实施的道路交通安全措施不同而有所差异，这主要基于两点原因：一是私家车出行者对于不同交通安全项目或政策的认可和喜好程度不同，对不同交通安全措施的信任程度也不同。正如假设场景2的统计生命价值高说明人们对"选择更安全的道路出行"能够降低死亡风险这一事实更加信任。二是不同的支付方式会导致支付意愿的差异，正如假设场景1是针对使用十年的交通安全产品进行一次性支付，支付压力较大，因此平均每年的支付意愿较小。而假设场景2是针对更安全的道路按年支付，相对支付压力较小，因此支付意愿较大。由此可见，风险背景和支付方式是影响统计生命价值评估值的两大因素，这与目前有关统计生命价值影响因素分析的研究结论基本一致。

三、特征变量对模型的影响分析

由表4－14可知，对于假设场景1和假设场景2，β 和 γ_5 的 t 值均大于2.56，表明投标值和家庭月收入两个变量对两个评价模型均具有十分显著的影响；γ_1，γ_2，γ_3 和 γ_4 的 t 值均大于1.96，表明性别、驾龄、学历和车保险四个变量对两个评价模型均具有显著的影响。γ_1 的参数评估值分别为0.023和0.031，表明私家车出行者对交通安全产品和对新建道路的支付意愿均与性别正相关，即女性的支付意愿较大。γ_2 的参数评估值分别为 －0.029 和 －0.051，表明私家车出行者对交通安全产品和对新建道路的支付意愿均与驾龄负相关，即驾龄高的出行者支付意愿较小。γ_3 的参数评估值分别为0.024和0.038，表明私家车出行者对交通安全产品和对新建道路的支付意愿均与学历正相关，即学历高的出行者支付意愿较大。γ_4 的参数评估值分别为0.017 和 0.037，表明私家车出行者对交通安全产品和对新建道路的支付意愿均与学历正相关，即学历高的出行者支付意愿较大。γ_5 的参数评估值分别为0.047 和 0.074，表明被调查者对交通安全设备和对新建道路的支付意愿均与月收入水平正相关，即月收入高的出行者支付意愿偏高。这一结论与第三章的结果分析一致。

本 章 小 结

本章将条件价值法与确定性校准法相结合，提出了道路交通统计生命价值评价的调查问卷设计思路，利用 MNL 模型构建了单边界、双边界和三边界二分式 VOSL 评价模型，并以大连市私家车出行者为调查对象收集数据进行了实证研究。研究完成的主要工作和获得的主要成果总结如下：

（1）将条件价值法与确定性校准法相结合，考虑利他行为因素和风险干扰因素等，优化了调查问卷设计内容，从而有效地降低了假设偏差。

（2）利用 MNL 模型构建了单边界二分式、双边界二分式和三边界二分式 VOSL 评价模型并进行了模型标定和比较研究。研究结果表明：三边界二分式评价模型精确性更高，评估结果更为合理。

（3）调查问卷设计了两大假设场景，并对两大场景的统计生命价值评估结果进行了比较分析。研究结果表明：选择"安全路径出行"场景的统计生命价值评估值（44.88 万元）比"购买交通安全产品"场景的统计生命价值评估值（40.31 万元）更高。

（4）模型中引入了性别、驾龄、学历、车保险和月收入个人特性变量，分析了这些变量对统计生命价值的影响，分析结果表明女性、驾龄短的、学历高的、车保险种类多的以及月收入水平高的私家车出行者的统计生命价值偏高。

| 第五章 |
基于意愿选择法的道路交通统计
生命价值评价研究概述

与条件价值法相比，意愿选择法是道路交通统计生命价值评价研究中相对较新的方法，并且相关研究成果相对有限。但由于意愿选择法能够有效地解决风险沟通困难的问题，并能有效地降低假设偏差，因此具有良好的研究前景。目前，基于意愿选择法的道路交通统计生命价值评价研究存在的不足主要体现在三方面：一是存在数值偏差，二是评价模型局限于 BL 模型，三是缺乏个人因素对统计生命价值的影响分析。基于此，本章将意愿选择法和正交试验法相结合设计调查问卷，旨在解决数值偏差问题；构建基于 BL 模型和基于 ML 模型的 VOSL 评价模型，旨在对评价模型进行比较研究，从而提出精确性更高、灵活性更高的评价模型；引入个人特性变量，旨在揭示个人特性变量对道路交通统计生命价值的影响作用。

第一节　研究理论与方法

一、意愿选择法

1. 意愿选择法的含义和优势

意愿选择法（SCM：stated choice method）属于意愿调查法，是指基于某个假设场景设计一个具有两个或多个选择方案的调查问卷，其中每个选择方案都包括多个特性变量并且不同选择方案的特性变量水平不同，旨在让被调查者从所有选择方案中选出一个偏好的方案。意愿选择法以随机效用理论为基础理论，其基本假设是决策者追求效用最大化。意愿选择法的理论模型包括 BL 模型、MNL 模型、ML 模型、NL（nested logit）模型、HEV（heteroscedastic extreme value）模型、COVNL（covariance heterogeneous nested logit）模型、RPL（random parameters logit）模型以及 LCL（latent class logit）模型等。意愿选择法在道路交通统计生命价值评价领域的研究起步较晚，且相关研究比较有限。智利学者基于意愿选择法，利用 BL 模型估算出圣地亚哥与瓦尔帕莱索城际间往返人群的道路交通安全统计生命价值为 14.9 万~20.6 万美元（Rizzi and Ortúzar，2003）；智利学者基于意愿选择法，利用 BL 模型估算出圣地亚哥城市内居民的道路交通安全统计生命价值 12.5 万美元（Iragüen and Ortúzar，2004）；我国学者赵胜川和张羽祥（2008）利用意愿选择法，从理论上论证使用 BL 模型来评估统计生命价值的可行性；荷兰学者提出了利用意愿选择法进行统计生命价值评价的优越性（Rouwendal et al.，2009）；欧洲学者基于意愿选择，利用 ML 模型评估了高山公路人们的统计生命价值在600 万~780 万瑞士法郎（Rheinberger，2011）；中国学者利用意愿选择法，利用 ML 模型在南京地区评估了道路交通统计生命价值，评估结果为718.44 万元（Yang Zhao et al.，2016）。意愿选择法具有良好的研究前景，尤其随着计算机技术与仿真技术的成熟与完善，此方法在相关领域的应用将会越来越广泛。

2. 意愿选择法的优势

意愿选择法与条件价值法相比优势体现在两大方面：一是意愿选择法让被调查者在两个或众多选择方案中选择一个方案，而"二选一"或"多选一"的问卷格式更容易获得被调查者的真实意愿，因此能够有效地降低假设偏差；二是由于意愿选择法是让被调查者在两个或更多选择方案中比较选择，因此即使被调查者对小概率风险的理解、认识不足或者不同被调查者的风险观念各不相同（主观风险水平或高于或低于问卷提及的客观风险水平），但对于两个或多个选择方案风险水平的比较是容易的，并且对于风险水平的改变或调整方向也是一致的，从而避免了风险沟通困难的问题。

3. 意愿选择法的关键问题

意愿选择法设计调查问卷包括四个步骤：一是设计合理的假设场景，提出不同的选择方案；二是确定选择方案变量的种类；三是确定选择方案的变量水平；四是选择方案组合的设计。其中关键点有三个：一是选择方案变量种类的选择；二是选择方案变量水平的确定；三是选择方案组合的设计。选择方案变量种类选择的不合理会影响统计生命价值评价模型的精确性；选择方案变量水平确定的不合理会导致统计生命价值评估值的精确性；选择方案组合设计得不合理，会影响调查效率并产生数值偏差，即调查问项设计太多，被调查者在回答后面的问项时产生疲劳感，从而回答问题的可靠性减弱，从而产生数值偏差。

二、正交试验法

在 SCM 调查中，通常使用几个因素来描述选择方案，而对每个因素也会设计几个不同水平。选择方案组合就是将不同因素的各个水平进行组合，以得出合理的调查方案。在选择方案组合设计的过程中，研究者通常面临一种矛盾：一方面，为了得到尽量详尽的信息，通常希望增加因素个数和因素水平数，从而导致调查方案数量的增加；另一方面，为了避免被调查者因调查时间过长而产生疲倦、反感等不合作情绪而使调查误差增加，需要尽可能减少调查方案的数量。如何在保证模型精度的前提下，限度地精简调查方案的数量从而提高调查效率，成为研究者在选择方案组合设计时最为关心的问题。

1. 正交实验的含义

多因素实验包括全面实验和部分因子实验。当一项研究涉及 s 个因素，而对每个因素分别取 q_1，q_2，…，q_s 个水平，则全部水平组合共有 N = q_1 × q_2 × … × q_s 个。当 s 及 q_1，q_2，…，q_s 都不是很大时，有可能对全部水平组合 N 都做试验，这种试验方法称为全面试验。当全部水平组合数 N 太大时，可从 N 个水平组合中抽取部分有代表性的水平组合来做试验，这种试验方法称为部分因子试验。正交试验设计作为部分因子试验的主要方法，最初主要应用在工农业和科学研究中。随着 20 世纪 60 年代田口玄一等日本统计学家将正交试验设计表格化，使正交试验设计大大易于应用者的理解和使用，正交试验设计在交通等众多领域得到广泛应用。

2. 正交试验的优点

全面试验的优点是可以通过全面调查获得详尽数据；但缺点是样本需求量过大，并且被调查者面对过多问题容易厌烦从而产生数据误差。因此在 SCM 调查中一般不会使用全面试验。正交试验设计是从全面试验中挑选出部分有代表性的试验点进行试验，这些试验点具有"均匀分散性"和"整齐可比性"两大特点。正交试验设计不仅能够大大减少 SCM 调查的调查方案数量，从而大大提高调查效率，而且能够保证模型精度，因此在 SCM 调查中体现出明显的优越性。

正交试验设计的基本工具是正交表，每个正交表有一个代号 $L_n(q^m)$，其中 L 表示正交表，n 表示正交表的行数（需要做的试验次数），q 表示因素的水平数（各因素水平数相等），m 表示正交表的列数（最多能安排的因素个数）。正交表满足两个条件：一是正交表中任意一列中不同数字出现的次数相等，即每个因素的各水平出现的次数相同，也就是说在试验安排中所挑选出来的水平组合是均匀分布的，这正体现正交试验设计的"均匀分散性"；二是正交表中任意两列中把同行的两个数字看成有序数对时，所有可能的数对出现的次数相同，即任意两因素的各种水平的搭配在试验安排中出现的次数相等，这正体现了正交试验设计的"整齐可比性"。以 5 因素、3 水平、27 次试验为例，正交表 $L_{27}(3^5)$ 如附录 D 所示。

三、非集计模型

非集计模型是因其与集计模型不同而命名，也称非集计行为模型或个人选择模型。以交通方式划分为例，集计模型是将每个人的交通活动按交通小区进行统计分析，从而得到以交通小区为分析单位的模型；而非集计模型以实际参与交通活动的个人为单位，对调查数据不按交通小区进行统计处理，而直接从个人选择行为入手，以非集计的分析方法建立模型。

为了能够更加清楚地描述非集计分析方法，需要引入效用（utility）的概念。效用是指出行者在做出某项决策后，综合考虑时间、费用、舒适度和安全性等多方面因素后从最终方案中所获得的满足感。非集计模型假定作为行为决策单元的个人（或组合）在一个可以选择的、选择方案是相互独立的集合中，会选择他认为对自己来说效用最大的方案，这一假定称为效用最大化行为假说。效用最大化行为假说是非集计模型的理论基础，也是非集计模型必须服从的前提条件。非集计模型包括多项 Logit 模型、分层 Logit 模型和混合 Logit 模型等。

1. 多项 Logit 模型

多项 Logit 模型是非集计模型的一种特殊形式，其求解简单的特性使其得到广泛应用。2 项 Logit（BL：Binary Logit）模型是多项 Logit 模型的特例。当选择方案仅有 2 个时，多项 Logit 模型转化为 2 项 Logit 模型。出行者 n 选择方案 i 的概率 P_{in} 可表示为：

$$P_{1n} = \frac{e^{V_{1n}}}{e^{V_{1n}} + e^{V_{2n}}}, \quad P_{2n} = \frac{e^{V_{2n}}}{e^{V_{1n}} + e^{V_{2n}}} \quad (P_{1n} + P_{2n} = 1) \tag{5.1}$$

BL 模型建模的基本步骤与 MNL 模型相同：首先确定效用函数的形式和特性变量，并据此建立建模所需的数据；接着是运用极大似然估计法标定参数，为模型检验做好准备；最后对模型进行 t 检验和其他检验。

假定效用函数的固定项 V 与效用函数的变量 X_{ink} 之间呈线性关系，则此时 BL 模型的选择概率可表示为：

$$P_{1n} = \frac{1}{1 + e^{-\theta'(X_{1n} - X_{2n})}},$$

$$P_{2n} = 1 - P_{1n} = \frac{1}{1 + e^{\theta'(X_{1n} - X_{2n})}} \tag{5.2}$$

式中：X_{ink}——出行者 n 的第 i 个选择方案中所包含的第 k 个特性变量；

$X_{in} = [X_{in1}, X_{in2}, \cdots X_{ink}, \cdots, X_{inK}]'$——出行者 n 的选择方案 i 的特性向量；

K——特性变量的个数；

θ_k——第 k 个特性变量所对应的未知参数，且为常数；

$\theta = [\theta_1, \theta_2, \cdots, \theta_k, \cdots \theta_K]'$——未知参数向量。

BL 模型的选择概率的参数是固定值，选择概率形式具有封闭型，模型易于解释且求解简单，因此在交通问题研究中得到广泛的应用。但 BL 模型具有非相关选择方案相互独立特性（IIA：independence from irrelevant alternatives）和喜好随机性限制（limitation of random taste varition）。IIA 特性是指个体 n 对于选择方案 i 和 j 的选择概率的比值只与选择方案 i 和 j 有关，而与其他选择方案无关，这在很多情况下与事实是不相符的。喜好随机性限制是指任意个体 n 对于同一选择方案的敏感度是相同的，不能表达不同类型的人的喜好特点。

2. 分层 Logit 模型

分层 Logit（NL：nested logit）模型是针对不能直接使用多项 Logit 模型的选择问题，将选择项按树状结构分层表示，在每一层中应用多项 Logit 模型。分层 Logit 模型还可以扩展为组对 Logit 模型、交叉分层 Logit 模型和通用分层 Logit 模型，这三种模型不但考虑不同选择项的分组问题，同时还考虑同一选择项会被分配在不同的组里。Logit 模型的共同点包括：（1）模型中的参量都被假设为一个固定数值，这是一个不合理的假设；（2）模型假设全部或部分选择项间或选择项组间是不相关的；（3）模型推导出来的选择概率都有封闭解；（4）模型都在试图解决 11A 特性带来的问题，但实际上并没有完全解决。

3. 混合 Logit 模型

混合 Logit（ML：mixed logit）模型是由 Logit 模型的混合体组成的模型，广泛包含任何形式的混合分布，可以近似于任何非集计模型，具有高度灵活性。ML 模型在 20 世纪 80 年代已被国外学术界所熟知，随着模拟方法和计算机技术的发展而被广泛应用。

ML 模型的概率是 Logit 模型的概率在一定参数的密度函数上的积分。在 ML 模型中，出行者 n 选择方案 i 的概率 P_{in} 可以表示为

$$P_{in} = \int \frac{e^{V_{in}(\beta)}}{\sum\limits_{j \in A_n} e^{V_{jn}(\beta)}} f(\beta) d\beta \qquad (5.3)$$

式中：f(β) 是参数 β 的密度函数，$V_{in}(β)$ 是出行者 n 选择方案 i 的效用函数（依赖于参数 β）的固定项，A_n 是出行者 n 的选择方案集合。

假定效用函数的固定项与效用函数的变量 X_{in} 之间呈线性关系，则 P_{in} 可以表示为：

$$P_{in} = \int \frac{e^{β'X_{in}}}{\sum_{j \in A_n} e^{β'X_{jn}}} f(β) dβ \qquad (5.4)$$

式中：β 是变量 X_{in} 的随机系数，β′ 是随机系数的向量。

随机系数 β 的密度函数 f(β) 可以是离散的，也可以是连续的。但在大多数应用中，f(β) 都被设定为连续的，如正态分布、对数正态分布、均匀分布、三角分布、γ 分布及其他分布等。下面介绍书中涉及的正态分布和对数正态分布的形式及基本性质。

（1）正态分布。如果连续型随机变量 X 的概率密度为

$$f(x) = \frac{1}{\sqrt{2\pi}\sigma} \exp\left\{ -\frac{1}{2\sigma^2}(x-\mu)^2 \right\}, \quad -\infty < x < \infty \qquad (5.5)$$

其中，μ，σ(σ>0) 为常数，则称 X 服从参数为（μ，σ）的正态分布，记为 $X \sim N(\mu, \sigma^2)$，其数学期望为 $E(X) = \mu$。当参数 μ=0，σ=1 时称 X 服从标准正态分布。容易证明：当 $X \sim N(0, 1)$ 时，$Y = \mu + X\sigma \sim N(\mu, \sigma^2)$。

（2）对数正态分布。如果连续型随机变量 X 的概率密度为

$$f(x) = \begin{cases} \frac{1}{\sqrt{2\pi}\sigma x} \exp\left\{ -\frac{1}{2\sigma^2}(\ln x - \mu)^2 \right\}, & x > 0 \\ 0, & \text{其他} \end{cases} \qquad (5.6)$$

其中，μ，σ(σ>0) 为常数，则称 X 服从参数为（μ，σ）的对数正态分布，记为 $X \sim \log N(\mu, \sigma^2)$，其数学期望为 $E(X) = \exp(\mu + \sigma^2/2)$。容易证明：当 $X \sim \log N(\mu, \sigma^2)$，$Y = \ln X \sim N(\mu, \sigma^2)$；相反，当 $X \sim N(\mu, \sigma^2)$ 时，$Y = e^X \sim \log N(\mu, \sigma^2)$。

ML 模型的选择概率的参数是随机的、不可观测的，且随决策者而变化，选择概率形式具有非封闭性，因此需要借助模拟方法进行求解。采用 Monte Carlo 方法模拟 ML 模型的选择概率，可将其求解问题转化为简单的 BL 模型的求解问题。

四、Monte Carlo 方法

1. Monte Carlo 方法的含义

Monte Carlo 方法（MCM）是理论物理学两大主要学科的合并，即随机过程的概率统计理论（用于处理布朗运动或随机游动实验）和位势理论，主要是研究均匀介质的稳定状态。Monte Carlo 方法不同于确定性数值方法，它是用来解决数学和物理问题的非确定性的（概率统计的或随机的）数值方法，是用一系列随机数来近似解决问题的一种方法，是通过寻找一个概率统计的相似体并用实验取样过程来获得该相似体的近似解的处理数学问题的一种手段。运用该近似方法所获得的问题的解更接近于物理实验结果，而不是经典数值计算结果。Monte Carlo 方法亦称为随机模拟方法，有时也称为随机抽样技术或统计试验方法，由数学家冯·诺依曼（John Von Neumann）创立并推广到科学研究中，随后在核物理研究的过程中得以进一步发展。Monte Carlo 的名称取自于 Monaco（摩纳哥）内以赌博娱乐而闻名的一座城市。

2. Monte Carlo 方法的基本思想

其基本思想是：为了求解数学、物理、工程技术及生产管理等方面的问题，首先建立一个概率模型或随机过程，使其参数等于问题的解；其次通过对概率模型或随机过程的观察或抽样试验来计算所求参数的统计特征，最后给出所求解的近似值。假设所要求的量 θ 是随机变量 ε 的数学期望 $E(\varepsilon)$，那么近似确定 θ 的方法是：对 ε 进行 n 次重复抽样，产生独立同分布的 ε 值的序列 ε_1，ε_2，$\cdots$，ε_n，并计算其算术平均值 $\bar{\varepsilon}_n = \frac{1}{n}\sum_{i=1}^{n}\varepsilon_i$；根据柯尔莫哥罗夫加强大数定律，有 $P(\lim_{n\to+\infty}\bar{\varepsilon}_n = \theta) = 1$，因此当 n 充分大时，$\bar{\varepsilon}_n \approx E(\varepsilon) = \theta$ 成立的概率等于 1，即可以用 $\bar{\varepsilon}_n$ 作为所求量 θ 的估计值。

3. Monte Carlo 方法的求解步骤

Monte Carlo 方法求解的基本步骤是：（1）对求解的问题建立简单而又便

于实现的概率统计模型，使所求的解恰好是所建立模型的概率分布或数学期望。（2）建立对随机变量的抽样方法，包括建立产生伪随机数的抽样方法和建立产生服从某分布函数的随机变量的抽样方法。随机数通常指 [0，1] 上均匀分布随机变量的抽样值，可借助随机抽样数表产生，也可利用物理方法产生。伪随机数指利用数学方法产生的随机数，在计算机上利用数学方法产生伪随机数速度快、费用低廉，是目前广泛使用的方法。随机变量抽样是指由已知分布的总体中产生简单子样，简单子样相互独立且具有相同的总体分布。（3）给出获得所求解的统计估计值及其方差或标准误差的方法。

4. Monte Carlo 方法的优点

Monte Carlo 方法的优点在于：（1）Monte Carlo 方法计算积分是通过大量的、简单的重复抽样实现的，其平均值即为评估结果，因此方法及其程序结构都很简单，既便于理解又便于使用；（2）Monte Carlo 方法的收敛是概率意义下的收敛，其收敛速度与问题维数（样本中元素所在空间）无关，因此在多维问题中体现出较强的优越性；（3）Monte Carlo 方法在解题时受问题条件限制的影响较小，因此具有很强的适用性，这种适用性是不可忽视的，而且是非常重要的。

第二节　问卷设计及数据分析

一、调查问卷设计

本节是将意愿选择法和正交试验法相结合，提出了调查问卷的设计思路。主要分为四个步骤：首先设计假设场景，其次选择特性变量，再其次确定变量水平，最后设计选择方案组合，即确定调查问卷题项。

第一步：设计假设场景。本研究以大连市私家车车主为调查对象，设计的假设场景是"出行路径的选择"：即假设出行者经常开车从居住地到工作地去上班，连接两地之间有一条收费路和一条免费路，长度均为 50 公里；其中收费路安全水平较高，免费路安全水平相对较低，并且两条路的通行时间不同。被调查对象在两条路之间进行选择。

第二步：选择特性变量。私家车驾驶员进行出行路径选择时的影响因素较多，但是在特性变量选择时不是包含越多越好，一般包括出行路径的特性变量和出行者的特性变量两大类。根据专家及被调查者访谈结果：出行费用、出行时间和出行风险是出行者选择出行路径的主要因素，因此本研究的出行路径特性变量包括出行费用、出行时间和死亡风险水平三个变量。以第三章研究结论为基础，出行者的性别、驾龄、学历、车保险和个人年收入对统计生命价值影响显著，因此出行者的特性变量包括上述五个变量。

第三步：确定选择方案特性变量水平。本研究结合大连市区域规模、交通安全现状及经济收入情况，确定选择方案特性变量水平。以大连到旅顺的出行路径为例，私家车出行者出行距离约为 50 公里，出行时间平均为 60 分钟。通过预调查，人们对 50 公里路程的平均支付意愿为 5 元，因此出行费用为平均每次 5 元。根据大连市公安局相关数据统计，2010 年大连市驾驶员在交通出行时面临的平均致命风险是 10/100 000。假设本书将路径特性变量设计为三个水平，具体变量水平值如表 5 - 1 所示。

表 5 - 1　　　　　　　　　选择方案特性变量水平表

变量水平代号	收费路			免费路	
	时间（分钟）	风险（年死亡率）	费用（元）	时间（分钟）	风险（年死亡率）
1	40	9/100 000	8	60	15/100 000
2	50	6/100 000	5	70	12/100 000
3	60	3/100 000	2	80	10/100 000

第四步：设计选择方案组合。由表 5 - 1 可知，若采用全面试验设计，选择方案组合达到 $3^5 = 243$。其缺点是访问次数太多，调查效率严重下降。本研究采用正交试验法设计选择方案组合（如表 5 - 2 所示），其选择方案个数为 $3^{5-2} = 27$。正交试验法是一种常用的用于多因素试验的方法，能够大大减少试验次数，大大提高调查效率。最后将 27 个方案组合随机排序，设计为 9 个问卷，每个问卷有 3 个方案组合，即每个被调查者针对路径出行选择回答 3

个问题即可。

表 5 - 2 选择方案正交试验设计

选择方案代号	收费路			免费路	
	时间（分钟）	风险（年死亡率）	费用（元）	时间（分钟）	风险（年死亡率）
1	40	9/100 000	8	60	15/100 000
2	40	9/100 000	5	70	12/100 000
3	40	9/100 000	2	80	10/100 000
4	40	6/100 000	8	70	12/100 000
5	40	6/100 000	5	80	10/100 000
6	40	6/100 000	2	60	15/100 000
7	40	3/100 000	8	80	10/100 000
8	40	3/100 000	5	60	15/100 000
9	40	3/100 000	2	70	12/100 000
10	50	9/100 000	8	70	10/100 000
11	50	9/100 000	5	80	15/100 000
12	50	9/100 000	2	60	12/100 000
13	50	6/100 000	8	80	15/100 000
14	50	6/100 000	5	60	12/100 000
15	50	6/100 000	2	70	10/100 000
16	50	3/100 000	8	60	12/100 000
17	50	3/100 000	5	70	10/100 000
18	50	3/100 000	2	80	15/100 000
19	60	9/100 000	8	80	12/100 000
20	60	9/100 000	5	60	10/100 000
21	60	9/100 000	2	70	15/100 000
22	60	6/100 000	8	60	10/100 000
23	60	6/100 000	5	70	15/100 000
24	60	6/100 000	2	80	12/100 000
25	60	3/100 000	8	70	15/100 000
26	60	3/100 000	5	80	12/100 000
27	60	3/100 000	2	60	10/100 000

二、样本特征分析

本书的调查对象为大连市私家车车主，以大型购物中心顾客、大型居民小区居民、大企业以及学校工作人员为问卷发放对象。问卷调查方式采取调查员面试、企业访问两种。本调查于 2011 年 3 月发放 300 份调查问卷，问卷回收时间是 2011 年 4～6 月，回收数量是 256 份，回复率为 85% 以上。经过有效性检验，在回复 256 份调查问卷中，213 份问卷的数据是有效的，回复有效率为 80% 以上。根据国外研究经验，标定此类模型一般需要 300～500样本值，本研究样本值为 639 个（如表 5－3 所示），满足数据统计的要求。样本基本信息包括性别、年龄、驾龄、学历、车保险、个人月收入六项，各指标所占百分比如表 5－4 所示。

表 5－3 调查对象及样本量

调查对象	调查方式	样本数（人数）	回收样本数（人数）	有效样本数（人数）	有效样本值（问）
大企业和学校工作人员	企业访问	200	167	142	3 问/人 × 142 人 = 426
大型购物中心顾客和大型居民小区居民	调查员面试	100	89	71	3 问/人 × 71 人 = 213

表 5－4 样本基本信息统计

描述指标		比例（%）	描述指标		比例（%）
性别	男	68.7	学历	本科以下	33.1
	女	31.3		本科及以上	66.9
年龄	18～40 岁	57.1	车保险	未保车损险	49.2
	>40 岁	42.9		保车损险	50.8
驾龄	≤3 年	37.4	月收入	≤5 000 元	38.5
	>3 年	62.6		>5 000 元	61.5

第三节　基于 BL 的 VOSL 评价模型构建与标定

一、模型构建

根据 BL 模型的基本原理，假设私家车出行者 n 选择某条路径的效用 U_n 的固定项 V_n 由出行费用 c、出行时间 t 和死亡风险 r 三个路径特性和个人特性 X_n 所决定，并且呈线性关系，则出行者选择收费路的效用函数的固定项 V_{1n} 可表示为：

$$V_{1n} = a_0 + ac_{1n} + \beta t_{1n} + \chi r_{1n} + \sum_{k=1}^{5} \theta_k X_{nk} \qquad (5.7)$$

出行者选择免费路的效用函数的固定项 V_{2n} 可表示为：

$$V_{2n} = \beta t_{2n} + \chi r_{2n} \qquad (5.8)$$

式中：a_0 是固有哑元，α，β，χ 分别为出行费用、出行时间、死亡风险三个路径特性变量的未知参数，X_{nk}（$k = 1$，$\cdots$，5）表示出行者 n 的第 k 个个人特性变量，θ_k（$k = 1$，$\cdots$，5）对应表示出行者 n 的第 k 个个人特性变量的未知参数。

那么，出行者 n 对出行路径死亡风险变化 Δr 的意愿支付 ΔWTP 可表示为：

$$\frac{\Delta WTP_n}{\Delta r_n} = \frac{\partial V_n / \partial r}{\partial V_n / \partial c} = \frac{\chi}{\alpha} \qquad (5.9)$$

根据统计生命价值的定义，基于 BL 模型的道路交通统计生命价值可表示为：

$$VOSL = \sum_{n=1}^{N} \frac{\Delta WTP_n}{\Delta r_n} / N = \frac{\chi}{\alpha} \qquad (5.10)$$

式中：N 表示样本容量。

二、模型标定

根据出行路径选择意向调查数据，利用 GAUSS9.0 统计软件对道路交通统计生命价值评价模型进行参数标定和参数检验，模型标定结果如表 5 – 5 所示。由表 5－5 可知，未引入个人特性变量的模型和引入个人特性变量的模型拟合优度值分别为 0.2782 和 0.2813，命中率分别为 87.31％和 87.58％，说明两个模型的精确度都达到了可接受标准，引入个人特性变量的模型具有更高的精确度。

表 5－5 　　　　　　　　　　　BL 模型参数标定结果

变量	参数	未引入个人特性变量		引入个人特性变量	
		参数估计	t 检验	参数估计	t 检验
常数项	a_0	4.301	1.823	4.552	1.870
费用（元）	α	－0.699	－3.611 **	－0.708	－3.665 **
时间（分钟）	β	－0.331	－4.142 **	－0.334	－4.198 **
风险（年死亡率）	χ	－2.698	－3.403 **	－2.609	－3.411 **
性别（男性：0；否则为1）	θ_1	—	—	0.210	1.279
驾龄（≤3 年：0；否则为1）	θ_2	—	—	－0.346	－1.999 *
学历（本科以下：0；否则1）	θ_3	—	—	0.133	1.967 *
车保险（未保车损险：0；否则为1）	θ_4	—	—	0.183	2.069 *
月收入（≤5 000 元：0；否则为1）	θ_5	—	—	0.262	3.760 **
N		639		639	
L(0)		－257.851		－257.851	
L(β)		－173.119		－177.321	
$\bar{\rho}^2$		0.2782		0.2813	
hit ratio		87.31%		87.58%	
VTT		28.41 元/小时		28.31 元/小时	
VOSL		38.60 万元		36.85 万元	

注：** 显著性检验水平为1％，* 显著性检验水平为5％。

由引入个人特性变量的模型标定结果可知，α、β、χ 三个参数的 t 检验值分别为 －3.665、－4.198 和 －3.411，表明出行费用、出行时间和死亡风险降低值对路径效用具有十分显著的影响。α、β、χ 三个参数的评估值分别为 －0.708、－0.335 和 －2.609，表明出行费用、出行时间和死亡风险三个路径出行变量与路径效用呈负相关，即出行费用越高路径效用越低，出行时间越长路径效用越低，并且死亡风险水平越高路径效用越低，这符合出行者正常的思维方式。

θ_2、θ_3、θ_4 和 θ_5 的 t 检验值分别为 1.999、1.967、2.069 和 3.760，说明驾龄、学历、车保险对收费路效用具有显著的影响，月收入对收费路效用具有十分显著的影响。θ_2 评估值为 -0.346，表明驾龄变量与收费路效用呈负相关，即驾龄低于或等于 3 年的出行者认为收费路效用较高，选择收费路的概率较高。θ_3 评估值为 0.133，表明学历变量与收费路效用呈正相关，即本科学历以上的出行者认为收费路效用较高，选择收费路的概率较高。θ_4 评估值为 0.183，表明车保险变量与收费路效用呈正相关，即投保车损险的私家车车主认为收费路效用高，选择收费路的概率较高。θ_5 评估值为 0.262，表明个人月收入变量与收费路效用呈正相关，即月收入高于 5 000 元的出行者认为收费路效用较高，选择收费路的概率较高。θ_1 的 t 检验值为 1.279，表明性别对收费路效用没有显著影响。这与第三章以及第四章的评估结果基本一致。

BL 模型标定的道路交通统计生命价值是 36.8565 万元。这一结果与 2003 年智利学者的评估结果相比较高，其原因体现在人们的支付能力和安全意识随着时代的进步有了大幅度的提高，同时也存在两国经济、文化差异等其他方面的原因；与国内其他实证研究结果相比较低，主要原因是评价方法的不同，因为意愿选择法能够降低条件价值法的假设偏差（即评价结果偏高）。总体来看，VOSL 评估结果基本符合实际情况。

另外，此模型标定出的交通出行时间价值是 $VTT = \dfrac{\beta}{\alpha} = 0.472$ 元/分钟，即 28.31 元/小时，这和参照大连市私家车车主月收入 5 000 元、每天工作 8 小时计算的出行时间价值 28.4 元/小时基本符合，并且与其他相关研究结果（27.82 元/小时）相吻合，进而验证了模型参数估计的有效性。

三、模型结果分析

由于驾龄、学历、车保险和个人月收入对收费路效用具有显著影响，因此为进一步分析他们对统计生命价值的影响，本节分别对这四个变量进行分类，并根据分类后的出行者选择行为建立 VOSL 模型并再次进行参数标定。

1. 驾龄对 VOSL 的影响

根据驾龄不同进行样本分类后的模型标定结果如表 5 - 6 所示，出行费用、出行时间和死亡风险三个路径变量仍是影响出行者路径选择模型的显著因素。对于死亡风险，驾龄在 3 年及以下的出行者的敏感度（ - 2.593）比驾龄大于 3 年的出行者的敏感度（ - 2.070）略高，即死亡风险的降低会引起驾龄在 3 年及以下的出行者选择收费路的概率增加幅度更大，因此驾龄在 3 年及以下的出行者统计生命价值较高。这与参数标定结果（41.03 万元；29.78 万元）一致。

表 5 - 6　　　　　　　　　　根据驾龄分类后的模型标定结果

变量	驾龄 3 年及以下		驾龄 3 年以上	
	参数估计	t 检验	参数估计	t 检验
常数项	6.021	1.262	5.520	1.049
费用（元）	- 0.632	- 3.740 **	- 0.695	- 3.432 **
时间（分钟）	- 0.341	- 4.576 **	- 0.324	- 4.059 **
风险（年死亡率）	- 2.593	- 2.815 **	- 2.070	- 2.726 **
学历（本科以下：0；否则 1）	1.308	1.351	1.422	1.362
车保险（未保车损险：0；否则为 1）	2.687	1.328	3.215	1.477
月收入（≤5 000 元：0；否则为 1）	0.258	3.980 **	0.238	3.548 **
N	239		400	
L(0)	- 147.640		- 180.456	
L(β)	- 108.011		- 136.535	
$\bar{\rho}^2$	0.2210		0.2046	
hit ratio	80.3%		82.2%	
VTT	32.37 元/小时		27.97 元/小时	
VOSL	41.03 万元		29.78 万元	

注：** 显著性检验水平为 1%，* 显著性检验水平为 5%。

2. 学历对 VOSL 的影响

根据学历不同进行样本分类后的模型标定结果（如表 5 - 7 所示），出行费用、时间和死亡风险三个路径变量仍是影响出行者路径选择模型的显著因素。其中对于路径风险，学历本科及以上的出行者的敏感度（- 1.653）比学历本科以下的出行者的敏感度（- 0.888）高很多，说明出行风险的降低会引起学历本科及以上的出行者选择收费路的概率增加幅度更大，因此学历本科及以上的出行者的统计生命价值高很多。从参数标定结果看，学历本科及以上的出行者统计生命价值（39.74 万元）是学历本科以下的出行者统计生命价值（25.81 万元）的 1.5 倍左右。

表 5 - 7　　　　　　　　　根据学历分类后的模型标定结果

变量	学历本科以下		学历本科及以上	
	参数估计	t 检验	参数估计	t 检验
常数项	7.404	1.183	10.186	1.763
费用（元）	- 0.344	- 2.513 *	- 0.416	- 3.069 **
时间（分钟）	- 0.158	- 2.257 *	- 0.222	- 3.698 **
风险（年死亡率）	- 0.888	- 1.964 *	- 1.653	- 2.364 *
驾龄（≤3 年：0；否则为 1）	- 2.414	- 1.798	- 4.266	- 2.084 *
车保险（未保车损险：0；否则为 1）	0.592	1.538	0.565	1.742
月收入（≤5 000 元：0；否则为 1）	0.052	1.956	0.136	2.568 **
N	212		427	
L(0)	- 203.785		- 218.341	
L(β)	- 164.805		- 171.948	
$\bar{\rho}^2$	0.1569		0.1804	
hit ratio	76.82%		76.93%	
VTT	27.56 元/小时		32.02 元/小时	
VOSL	25.81 万元		39.74 万元	

注：** 显著性检验水平为 1%，* 显著性检验水平为 5%。

3. 车保险对 VOSL 的影响

根据车保险不同进行样本分类后的模型标定结果如表 5 – 8 所示，出行费用、出行时间和死亡风险三个路径变量仍是影响出行者路径选择模型的显著因素。其中对于路径费用，保车损险的出行者的敏感度（– 0.478）比没保车损险的出行者（– 0.672）低很多，说明费用的变化对于保车损险的出行者选择收费路的概率影响较小；对于死亡风险，保车损险的出行者的敏感度（– 2.553）比没保车损险的出行者的敏感度（– 1.689）高很多，说明死亡风险的降低会引起保车损险的出行者选择收费路的概率增加幅度更大。因此保车损险的出行者的统计生命价值高很多，从参数标定结果看，保车损险的出行者统计生命价值（53.41 万元）超过没保车损险的出行者统计生命价值（25.13 万元）的两倍。

表 5 – 8　　　　　　　　　根据车保险分类后的模型标定结果

变量	保全险		没保全险	
	参数估计	t 值	参数估计	t 值
常数项	3.650	1.770	3.070	1.511
费用（元）	– 0.478	– 3.513 **	– 0.672	– 3.123 **
时间（分钟）	– 0.279	– 3.656 **	– 0.312	– 3.350 **
风险（年死亡率）	– 2.553	– 2.181 *	– 1.689	– 2.521 *
驾龄（≤3 年：0；否则为 1）	– 2.582	– 1.973 *	– 2.780	– 2.752 **
学历（本科以下：0；否则 1）	1.662	1.947	1.4892	1.291
月收入（≤5 000 元：0；否则为 1）	0.258	1.170	0.237	1.680
N	325		314	
L(0)	– 54.065		– 57.854	
L(β)	– 34.324		– 37.033	
$\bar{\rho}^2$	0.2357		0.2389	
hit ratio	73.50%		74.87%	
VTT	35.02 元/小时		27.86 元/小时	
VOSL	53.41 万元		25.13 万元	

注：** 显著性检验水平为 1%，* 显著性检验水平为 5%。

4. 月收入对 VOSL 的影响

根据个人月收入不同进行样本分类后的模型标定结果如表 5 - 9 所示，出行费用、出行时间和死亡风险三个路径变量仍是影响出行者路径选择模型的显著因素。其中对于出行费用，月收入在 5 000 元及以下的出行者的敏感度（- 1.926）比月收入高于 5 000 元的出行者（- 1.178）略高，即出行费用的增加会引起月收入 5 000 元及以下的出行者选择收费路的概率下降幅度更大，因此月收入 5 000 元及以下的统计生命价值较低。这与参数标定结果（22.58 万元；39.7955 万元）一致。

表 5 - 9　　　　　　　　根据月收入分类后的模型标定结果

变量	月收入 5 000 元及以下		月收入 5 000 以上	
	参数估计	t 值	参数估计	t 值
常数项	2.591	1.171	1.650	1.770
费用（元）	- 1.926	- 2.740 **	- 1.178	- 2.513 *
时间（分钟）	- 0.741	- 2.445 *	- 0.619	- 1.965 *
风险（年死亡率）	- 4.351	- 2.338 *	- 4.688	- 2.181 *
驾龄（≤3 年：0；否则为 1）	- 2.261	- 2.274 *	- 2.581	- 1.973 *
车保险（未保车损险：0；否则为 1）	1.687	1.833	1.953	2.170 *
学历（大专及以下：1；否则 0）	3.784	1.992 *	2.662	1.947
N	246		393	
L(0)	- 110.2		- 147.6	
L(β)	- 84.15		- 113.4	
$\bar{\rho}^2$	0.1729		0.1843	
hit ratio	77.5%		78.3%	
VTT	23.08 元/小时		31.53 元/小时	
VOSL	22.59 万元		39.80 万元	

注：** 显著性检验水平为 1%，* 显著性检验水平为 5%。

第四节 基于 ML 的 VOSL 评价模型构建与标定

一、模型构建

假设出行者 n 选择某条路径的效用 U_n 的固定项 V_n 与出行费用 c、出行时间 t 和死亡风险 r 均呈线性关系，则出行者选择收费路的效用函数的固定项 V_{1n} 可表示为：

$$V_{1n} = a_0 + \alpha c_{1n} + \beta t_{1n} + \chi r_{1n} \tag{5.11}$$

出行者选择免费路的效用函数的固定项 V_{2n} 可表示为：

$$V_{2n} = \beta t_{2n} + \chi r_{2n} \tag{5.12}$$

式中：a_0 是固有哑元，α、β、χ 分别为出行费用、出行时间、死亡风险水平三个特性变量的未知参数。

那么，出行者 n 对死亡风险变化 Δr 的意愿支付 ΔWTP 可表示为：

$$\frac{\Delta WTP_n}{\Delta r_n} = \frac{\partial V_n / \partial r}{\partial V_n / \partial c} = \frac{\chi}{\alpha} \tag{5.13}$$

由此，根据统计生命价值的定义，可以得到道路交通统计生命价值为：

$$VOSL = \sum_{n=1}^{N} \frac{\Delta WTP_n}{\Delta r_n} / N = \frac{\chi}{\alpha} \tag{5.14}$$

式中：N——样本容量。

如何得到死亡风险系数和出行费用系数是确定统计生命价值的关键。在使用 ML 模型标定道路交通统计生命价值时，需要假定死亡风险系数、出行费用系数和出行时间系数的分布。

通过理论分析和与出行者的访谈结果，对相关参数作基本假设如下：

①假设出行者都是理性的，那么在其他条件相同的情况下，通过某路径面临的死亡风险越大，选择该路径的效用就越小，因此死亡风险系数 χ 一定是负数；

②假设出行者都是理性的，那么在其他条件相同的情况下，通过某路径

的时间越长，选择该路径的效用就越小，因此出行时间系数 β 一定是负数；

③假设出行者都是理性的，那么在其他条件相同的情况下，通过某路径的费用越多，选择该路径的效用就越小，因此出行费用系数 α 一定是负数。

根据国外对出行时间价值的研究经验，费用或时间系数一般假设为服从对数正态分布；本研究根据费用、时间和死亡风险系数服从分布函数的情况不同构建 3 种模型。

1. 模型一

费用系数服从负的对数正态分布，死亡风险和时间系数为负常数的模型，参数假设：

①假设出行者对死亡风险的厌恶程度（对安全的偏好程度）是相同的，因此假设死亡风险系数 χ 为负常数；

②假设出行者在上班出行中对时间的重视程度是相同的，因此假设出行时间系数 β 为负常数；

③假设出行费用系数 α 很大的概率很小，α 很小的概率也很小，α 属于中间水平的概率最大，因此假设出行费用系数 α 服从负的对数正态分布，记为 $\alpha \sim -\log N(\mu, \sigma^2)$。

此时 ML 模型的效用函数固定项可表示为：

$$V_{1n} = a_0 - \exp(\mu + \varepsilon\sigma)c_{1n} + \beta t_{1n} + \chi r_{1n} \qquad (5.15)$$

$$V_{2n} = \beta t_{2n} + \chi r_{2n} \qquad (5.16)$$

式中：ε 是服从标准正态分布的随机数。

容易证明：当 $-\alpha \sim \log N(\mu, \sigma^2)$ 时，$\ln(-\alpha) \sim N(\mu, \sigma^2)$；$\ln(-\chi)$ 和 $\ln(-\alpha)$ 相互独立，$\ln(\chi/\alpha) = \ln(-\chi) - \ln(-\alpha) \sim N(\ln(-\chi) - \mu, \sigma^2)$，$VOSL = \chi/\alpha \sim \log N(\ln(-\chi) - \mu, \sigma^2)$。由此，统计生命价值 VOSL 服从参数为 $\ln(-\chi) - \mu$ 和 σ 的对数正态分布，数学期望为 $EXP\left[\ln(-\chi) - \mu + \frac{1}{2}\sigma^2\right]$。根据时间价值的公式 $VTT = \beta/\alpha^{[164-165]}$ 可知，时间价值 $VTT = \beta/\alpha \sim \log N(\ln(-\beta) - \mu, \sigma^2)$，因此时间价值 VTT 服从参数为 $\ln(-\beta) - \mu$ 和 σ 的对数正态分布，数学期望为 $EXP\left[\ln(-\beta) - \mu + \frac{1}{2}\sigma^2\right]$。

2. 模型二

死亡风险系数服从负的对数正态分布，费用和时间系数为负常数的模型，参数假设：

①假设死亡风险系数 χ 很大的概率很小，χ 很小的概率也很小，χ 属于中间水平的概率最大，因此假定死亡风险系数 χ 服从负的对数正态分布，记为 $\chi \sim -\log N(\mu, \sigma^2)$；

②假设出行者在上班出行中对时间的重视程度是相同的，因此假设出行时间系数 β 为负常数；

③假设出行者在上班出行中对支付费用的承受程度是相同的，因此假设出行费用系数 α 为负常数。

此时 ML 模型的效用函数固定项可表示为：

$$V_{1n} = a_0 + \alpha c_{1n} + \beta t_{1n} - \exp(\mu + \varepsilon\sigma) r_{1n} \tag{5.17}$$

$$V_{2n} = \beta t_{2n} - \exp(\mu + \varepsilon\sigma) r_{2n} \tag{5.18}$$

式中：ε 是服从标准正态分布的随机数。

容易证明：当 $-\chi \sim \log N(\mu, \sigma^2)$ 时，$\ln(-\chi) \sim N(\mu, \sigma^2)$；$\ln(-\chi)$ 和 $\ln(-\alpha)$ 相互独立，$\ln(\chi/\alpha) = \ln(-\chi) - \ln(-\alpha) \sim N(\mu - \ln(-\alpha), \sigma^2)$，$VOSL = \chi/\alpha \sim \log N(\mu - \ln(-\alpha), \sigma^2)$。由此，统计生命价值 VOSL 服从参数为 $\mu - \ln(-\alpha)$ 和 σ 的对数正态分布，数学期望为 $EXP\left[\mu - \ln(-\alpha) + \frac{1}{2}\sigma^2\right]$。时间价值为 $VTT = \beta/\alpha$ 固定值。

3. 模型三

死亡风险和费用系数服从负的对数正态分布，时间系数为负常数的模型，参数假设：

①假设死亡风险系数 χ 很大的概率很小，χ 很小的概率也很小，χ 属于中间水平的概率最大，因此假定死亡风险系数 χ 服从负的对数正态分布，记为 $\chi \sim -\log N(\mu_1, \sigma_2)$；

②假设出行者在上班出行中对时间的重视程度是相同的，因此假设出行时间系数 β 为负常数；

③假设出行费用系数 α 很大的概率很小，α 很小的概率也很小，α 属于中间水平的概率最大，因此假设出行费用系数 α 服从负的对数正态分布，记为 $\alpha \sim -\log N(\mu_2, \sigma_2^2)$。

此时 ML 模型的效用函数固定项可表示为：

$$V_{1n} = a_0 - \exp(\mu_2 + \varepsilon_2\sigma_2)c_{1n} + \beta t_{1n} - \exp(\mu_1 + \varepsilon_1\sigma_1)r_{1n} \tag{5.19}$$

$$V_{2n} = \beta t_{2n} - \exp(\mu_1 + \varepsilon_1\sigma_1)r_{2n} \tag{5.20}$$

式中：ε_1，ε_2 均为服从标准正态分布的随机数。

容易证明：当 $-\chi \sim \log N(\mu_1, \sigma_1^2)$ 时，$\ln(-\chi) \sim N(\mu_1, \sigma_1^2)$；当 $-\alpha \sim \log N(\mu_2, \sigma_2^2)$ 时，$\ln(-\alpha) \sim N(\mu_2, \sigma_2^2)$；$\ln(-\chi)$ 和 $\ln(-\alpha)$ 相互独立，$\ln(\chi/\alpha) = \ln(-\chi) - \ln(-\alpha) \sim N(\mu_1 - \mu_2, \sigma_1^2 + \sigma_2^2)$，$VOSL = \chi/\alpha \sim \log N(\mu_1 - \mu_2, \sigma_1^2 + \sigma_2^2)$。由此，统计生命价值 VOSL 服从参数为 $\mu_1 - \mu_2$ 和 $\sigma_1^2 + \sigma_2^2$ 的对数正态分布，数学期望为 $EXP\left[\mu_1 - \mu_2 + \frac{1}{2}(\sigma_1^2 + \sigma_2^2)\right]$。时间价值 $VOSL = \beta/\alpha \sim \log N(\ln(-\beta) - \mu_1, \sigma_1^2)$，因此时间价值 VTT 服从参数为 $\ln(-\beta) - \mu_1$ 和 σ_1 的对数正态分布，数学期望为 $EXP\left[\ln(-\beta) - \mu_1 + \frac{1}{2}\sigma_1^2\right]$。

二、模型标定

ML 模型的概率形式具有非封闭性，需要借助仿真方法进行求解。采用 Monte Carlo 模拟方法仿真 ML 模型的概率函数，可将其求解问题转化为简单的 BL 模型的求解问题。以模型一为例，具体仿真步骤如下：

第一步：确定 ML 模型的概率分布形式

出行者 n 选择收费路的概率 P_{1n} 可表达为：

$$P_{1n} = \int \frac{e^{V_{1n}(\alpha,\beta,\chi)}}{\sum\limits_{j=1}^{2} e^{V_{jn}(\alpha,\beta,\chi)}} f(\alpha)d\alpha \tag{5.21}$$

出行者 n 选择免费路的概率 P_{2n} 可表达为：

$$P_{2n} = \int \frac{e^{V_{2n}(\alpha,\beta,\chi)}}{\sum\limits_{j=1}^{2} e^{V_{jn}(\alpha,\beta,\chi)}} f(\alpha)d\alpha \tag{5.22}$$

式中：f(α) 是参数 α 的密度函数。

第二步：生成模拟出行费用参数 α 的随机数

Monte Carlo 模拟值的变化在随机样本数量达到 300 以上时才开始趋于稳定。通过随机数产生器生成 500 个服从标准正态分布的随机数，记为 ε_1，ε_2，…，ε_{500}。由此，可以得到服从负的对数正态分布的参数 α 的 500 个随机数，记为 $\alpha_1 = -e^{\mu + \sigma\varepsilon_1}$，$\alpha_2 = -e^{\mu + \sigma\varepsilon_2}$，…，$\alpha_{500} = -e^{\mu + \sigma\varepsilon_{500}}$。

第三步：确定 P_{in} 的仿真概率形式

出行者 n 选择收费路的仿真概率 $\hat{P}_{1n}$ 表达为：

$$\hat{P}_{1n} = \frac{1}{500} \sum_{i=1}^{500} \frac{e^{V_{1n}(\alpha_i, \beta, \chi)}}{\sum_{j=1}^{2} e^{V_{jn}(\alpha_i, \beta, \chi)}} \tag{5.23}$$

出行者 n 选择免费路的仿真概率 $\hat{P}_{2n}$ 表达为：

$$\hat{P}_{2n} = \frac{1}{500} \sum_{i=1}^{500} \frac{e^{V_{2n}(\alpha_i, \beta, \chi)}}{\sum_{j=1}^{2} e^{V_{jn}(\alpha_i, \beta, \chi)}} \tag{5.24}$$

第四步：确定对数似然函数

$$L = \sum_{n=1}^{N} (\delta_{1n}\ln\hat{P}_{1n} + \delta_{2n}\hat{P}_{2n}) \tag{5.25}$$

式中：$\delta_{in} = \begin{cases} 1, & \text{出行者 n 选择方案 i 时} \\ 0, & \text{其他} \end{cases}$

至此，ML 模型的求解问题已转化为 BL 模型的求解问题。如果得到充足的特性变量的数据，则可以利用极大似然估计法确定对数似然函数 L 最大时的参数估计值；并且可以通过 t 检验、优度比等统计量确定模型的精度。

根据出行路径选择的意向调查数据，利用 Monte Carlo 模拟算法，借助 GAUSS9.0 统计软件对道路交通统计生命价值的三个评价模型分别进行参数标定和参数检验。为消除单次仿真的误差性以便了解统计生命价值的分布函数的整体特性，对上述三个模型分别进行 150 次仿真，采用 150 次仿真结果的平均值作为各参数的估计值（模型一的仿真结果见附录五，模型二和模型三的仿真结果略）。为进一步验证模型的可靠性，同时对出行时间价值进行了评估。基于 ML 模型的三种统计生命价值评价模型的参数标定结果如表 5 - 10 所示。

表 5－10   **ML 模型参数标定结果**

参数	模型一	模型二	模型三
常数项 a_0	-2.109	-2.653	-2.056
费用参数 α	1.009（0.814）	-2.329	1.619（0.702）
时间参数 β	-0.925	-1.082	-1.866
死亡风险参数 χ	-6.895	1.923（0.705）	0.491（0.335）
优度比 ρ^2	0.2971	0.2818	0.3108
时间价值分布	对数正态分布	固定值	对数正态分布
时间价值 VTT	28.18 元/小时	27.87 元/小时	28.38 元/小时
统计生命价值分布	对数正态分布	对数正态分布	对数正态分布
统计生命价值 VOSL	35.02 万元	37.68 万元	37.10 万元

注：（ ）前参数表示 μ，（ ）中参数表示 σ。

三、模型结果分析

1. 模型一仿真结果分析

由附录五中图 1、3、5、7、9 可见，a_0 的估计值88% 落在区间 $[-2.12,$ $-2.1]$ 内，其均值为 -2.109；μ 的估计值90% 落在区间 $[1.0, 1.02]$ 内，其均值为 1.009；σ 的估计值 87% 落在区间 $[0.8, 0.825]$ 内，其平均值为 0.814；β 的估计值87% 落在区间 $[-0.95, -0.9]$ 内，其均值为 -0.925；χ 的估计值88% 落在区间 $[-6.91, -6.87]$ 内，其均值为 -6.895。以上参数的估计值都具有较好的集中性，说明参数都具有较强的稳定性。由附录四中图2、4、6、8、10 可见，以上五个参数 t 检验值的绝对值88 以上都大于1.96，说明参数设置是比较合理的。由附录五中图 11 可见，模型优度比91% 以上大于20%，均值为 0.2971，说明模型精确性比较高。

统计生命价值 VOSL 服从参数为 $\ln(-\chi)-\mu$ 和 σ 的对数正态分布，即服从参数为 0.922 和 0.814 的对数正态分布，其数学期望值为 $EXP(0.922+0.814^2/2)=3.501873$（$10^5$ 元），即为 35.02 万元。出行时间价值 VTT 服从参数为 $\ln(-\beta)-\mu$ 和 σ 的对数正态分布，即服从参数为 -1.087 和 0.814 的

对数正态分布，其数学期望值为 EXP($-1.087 + 0.814^2/2$) = 0.4697 （元/分钟），即 28.18 元/每小时。统计生命价值的对数正态分布曲线如图 5 - 1 所示，统计生命价值的概率随着统计生命价值的增大先增大后减小，其中统计生命价值为 11 万元时其概率达到最大（26.6%）。

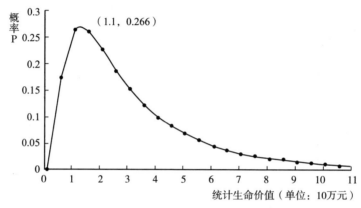

图 5 - 1   模型一的道路交通统计生命价值分布

2. 模型二仿真结果分析

由 150 次仿真结果可知，a_0 的估计值 86% 落在区间 [- 2.64， - 2.67] 内，其均值为 - 2.653；α 的估计值 87% 落在区间 [- 2.29， - 2.35] 内，其均值为 - 2.329；β 的估计值 86% 落在区间 [- 1.01， - 1.15] 内，其均值为 - 1.082；μ 的估计值 87% 落在区间 [1.90， - 1.95] 内，其均值为 1.923；σ 的估计值 85% 落在区间 [0.675，0.73] 内，其平均值为 0.705；以上参数的估计值都具有很好的集中性，说明参数都具有较强的稳定性。以上五个参数 t 检验值的绝对值 87% 大于 1.96，说明参数设置是比较合理的。模型优度比 88% 以上大于 20%，均值为 0.2818，说明模型精确性比较高。

统计生命价值 VOSL 服从参数为 $\mu - \ln(-\alpha)$ 和 σ 的对数正态分布，即服从参数为 1.078 和 0.705 的对数正态分布，其数学期望值为 EXP(1.078 + $0.705^2/2$) = 3.768 （10^5 元），即为 37.68 万元。出行时间价值 VTT = $\frac{\beta}{\alpha}$ = 0.4646 （元/分钟），即 27.87 元/每小时。统计生命价值的对数正态分布曲线

如图 5 - 2 所示，统计生命价值的概率随着统计生命价值的增大先增大后减小，其中统计生命价值为 16 万元时其概率达到最大（24.4%）。

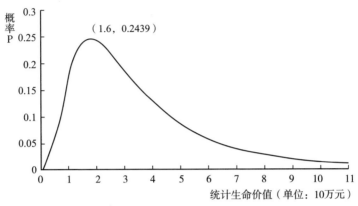

图 5 - 2　模型二的道路交通统计生命价值分布

3. 模型三仿真结果分析

由 150 次仿真结果可知，a_0 的估计值 89% 落在区间 [-2.08, -2.02] 内，其均值为 -2.056；μ_1 的估计值 90% 落在区间 [1.60, 1.63] 内，其均值为 1.619；σ_1 的估计值 90% 落在区间 [0.69, 0.71] 内，其均值为 0.702；β 的估计值 88% 落在区间 [-1.85, -1.88] 内，其均值为 -1.866；μ_2 的估计值 89% 落在区间 [0.48, -0.51] 内，其均值为 0.491；σ_2 的估计值 90% 落在区间 [0.32, 0.35] 内，其平均值为 0.335；以上参数的估计值都具有很好的集中性，说明参数都具有较强的稳定性。以上五个参数 t 检验值的绝对值 92% 以上都大于 1.96，说明参数设置是合理的。模型优度比 90% 以上大于 20%，均值为 0.3108，说明模型精确性较高。

统计生命价值 VOSL 服从参数为 $\mu_1 - \mu_2$ 和 $\sigma_1 + \sigma_2$ 的对数正态分布，即服从参数为 1.128 和 0.605 的对数正态分布，其数学期望值为 EXP(1.128 + $0.605^2/2$) = 3.710 (10^5 元)，即为 37.10 万元。出行时间价值 VTT 服从参数为 ln(-β) - μ_1 和 σ_1 的对数正态分布，即服从参数为 -0.995 和 0.702 的对数正态分布，其数学期望值为 EXP(-0.995 + $0.702^2/2$) = 0.4729 （元/分钟），即 28.38 元/每小时。统计生命价值的对数正态分布曲线如图 5 - 3 所

示，统计生命价值的概率随着统计生命价值的增大先增大后减小，其中统计
生命价值为 21 万元时其概率达到最大（25.6%）。

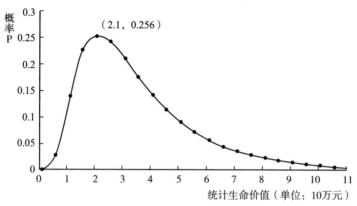

图 5 - 3　模型三的道路交通统计生命价值分布

第五节　VOSL 评价模型标定结果比较分析

一、BL 模型与 ML 模型的比较分析

从 BL 评价模型与三个 ML 评价模型的统计生命价值评估结果来看，四个
模型的统计生命价值评估值所差无几，基本在 37 万元左右。但从 BL 评价模
型与 ML 评价模型的优度比来看，三个 ML 评价模型的优度比均大于 BL 评价
模型，可见 ML 评价模型的精确性要高于 BL 评价模型。从统计生命价值的评
估值来看，基于 BL 评价模型的统计生命价值评估值是一个固定值，基于 ML
评价模型的统计生命价值服从对数正态分布，可见 ML 评价模型更能反映统
计生命价值的变化规律，因此认为 ML 评价模型更为合理。

二、ML 评价模型间的比较分析

从三个 ML 评价模型的优度比来看，模型三的优度比（0.3108）最高，
因此模型三较模型一和模型二具有更高的精确性。从出行时间价值评估值来

看，模型三的出行时间价值为 28.38 元/小时，这与参照大连市私家车车主月收入 5 000 元、每天工作 8 小时计算的出行时间价值 28.4 元/小时最为相符，因此模型三在出行时间价值评估时最为合理。从统计生命价值分布图来看，统计生命价值的概率达到最大时，模型三的统计生命价值为 21 万元，模型一与模型二的统计生命价值分别为 11 万元与 16 万元；根据对大连市保险公司的调研数据，大连市对道路交通致命事故的赔偿额在 15 万元至 70 万元之间，可见模型三的统计生命价值分布更符合实际情况。综合上述三点的比较分析，认为利用模型三进行统计生命价值的评估更为合理。

本 章 小 结

本章将意愿选择法和正交试验法相结合，提出了道路交通统计生命价值评价的调查问卷设计思路，利用 BL 模型和 ML 模型构建了四种 VOSL 评价模型，并以大连市私家车出行者为调查对象收集数据进行了实证研究。研究完成的主要工作和获得的主要成果总结如下：

（1）将 SCM 与正交试验法相结合，提出了出行路径选择的调查问卷设计思路，有效地降低了调查次数，大大提高了调查效率，从而增强了评价结果的可靠性。

（2）基于 BL 模型和 ML 模型构建了 VOSL 评价模型并进行了模型标定，对 BL 模型评价模型和 ML 模型进行了比较研究，研究结果表明基于 ML 模型的 VOSL 评价模型能够反映统计生命价值的变化规律，其精确性更高，评价结果更为合理。同时对基于 ML 模型的三种 VOSL 评价模型进行比较研究，结果表明费用参数和风险参数均服从负的对数正态分布的模型（模型三）精确性更高，统计生命价值评估值为 37.10 万元，出行时间价值为 28.38 元/小时，其评估结果更接近实际。

（3）在基于 BL 模型的 VOSL 评价模型中引入了性别、驾龄、学历、车保险和月收入五个个人特性变量，分析了这些变量对统计生命价值的影响，分析结果表明驾龄短的、学历高的、车保险种类多的以及月收入水平高的出行者的统计生命价值偏高，性别对统计生命价值的影响不显著。

| 第六章 |

结论与展望

    本书从道路交通统计生命价值相关研究的文献综述入手,分析了近十年来道路交通统计生命价值的研究特征,发现道路交通统计生命价值的影响因素、评价方法和评价模型是道路交通统计生命价值的三大研究主题;于是围绕这三大研究主题,总结了目前道路交通统计生命价值的研究成果,即道路交通统计生命价值的多种影响因素、四大评价方法和两大类评价模型;最后针对现有研究成果存在的不足,提出并解决了两大研究问题。一是道路交通统计生命价值形成机理研究,提出了道路交通统计生命价值形成机理的理论框架,并通过交通意向调查获得数据对理论框架进行实证检验,并对道路交通统计生命价值的形成机理进行深入分析。二是道路交通统计生命价值评价研究,基于条件价值法和意愿选择法分别提出了道路交通统计生命价值的评价模型,并通过交通意向调查获得数据对模型进行实证检验,从而对评价模型进行比较研究并获得大连市私家车出行者的统计生命价值评估值。

第一节　主要结论与建议

一、主要结论

    本书的主要研究结论归纳为以下三个方面:

1. 道路交通统计生命价值形成机理研究

通过对道路交通统计生命价值形成机理的研究，揭示了个人出行特征、风险特征和社会经济特征对统计生命价值的影响作用及影响程度。

（1）私家车出行者载儿童出行时对道路交通安全的支付意愿最高，独自出行或搭载其他乘客出行时支付意愿相对较低。因此载儿童出行的群体统计生命价值偏高，独立出行或搭载其他乘客出行的群体统计生命价值偏低。

（2）私家车出行者的行为态度与道路交通安全支付意愿正相关且影响程度最大，其中对死亡风险降低的信念程度是反映行为态度的最关键因素，而对伤残风险降低和财产损失风险降低的信念程度是次要因素。因此，人们对死亡风险降低的信念程度越强，统计生命价值越高。

（3）私家车出行者的感知行为控制与道路交通安全支付意愿正相关且影响程度较大，其中月收入水平与感知行为控制正相关且是最关键影响因素，月还贷水平和月交通补助次之。具体来说，月收入水平越高对道路交通安全的支付意愿越大，统计生命价值越高；月还贷水平越高对道路交通安全的支付意愿越低，统计生命价值越低；月交通补助越高对道路交通安全的支付意愿越高，统计生命价值越高。

（4）私家车出行者的主观规范与道路交通安全支付意愿正相关且影响程度也较大，其中政府倡导力度和媒体宣传力度是反映主观规范的两大主要因素，驾校培训对主观规范影响较小。因此，政府对道路交通安全的倡导力度越大，人们的统计生命价值越高；媒体对道路交通安全的宣传力度越大，人们的统计生命价值越高。

（5）私家车出行者的风险控制能力、风险暴露程度和风险厌恶程度，通过对行为态度产生影响，从而影响道路交通安全的支付意愿。具体表现为三点：一是人们的违章经历较少，表明其风险厌恶程度越大，对道路交通安全的支付意愿就越大，统计生命价值就越高；二是人们发生交通事故的次数越多，表明其风险控制能力越弱，对道路交通安全的支付意愿就越大，统计生命价值就越高；三是人们的出行时间越长、频率越高，表明其风险暴露程度越大，对道路交通安全的支付意愿就越大，统计生命价值就越高。

（6）女性的风险控制能力较低，风险厌恶程度较高，因此对道路交通安全的支付意愿较大，统计生命价值较高。学历越高风险厌恶程度越高，对道路交通安全的支付意愿越大，因此学历高的人群统计生命价值偏高。驾龄越低风险控制能力越弱、风险厌恶程度越高，对道路交通安全的支付意愿越大，因此驾龄低的人群统计生命价值偏高。车保险种类越多，说明风险控制能力越低、风险暴露程度越大并且风险厌恶程度越高，因此车保险种类多的人群对道路交通安全的支付意愿较大，统计生命价值偏高。

2. 基于条件价值法的道路交通统计生命价值评价研究

基于条件价值法并结合确定性校准法，提出了调查问卷的设计思路，通过构建单边界、双边界和三边界二分式评价模型并进行模型比较，提出了精确度较高的 VOSL 评价模型，最终获得了合理的 VOSL 评估值，并揭示了个人特性对统计生命价值的影响作用。

（1）以文献研究和第三章研究结论为基础，通过设置前提条件和进行确定性校准，以及将开放式问卷格式和二分式选择问卷格式相结合，设计了更为精致的调查问卷，从而对条件价值法进行了改进。研究结果表明：改进的条件价值调查问卷能够获得更为精确的 WTP 值，能够大大地降低假设偏差。

（2）构建了单边界、双边界和三边界二分式 VOSL 评价模型，通过模型标定和模型检验对三种模型进行了比较分析。研究结果表明：三边界二分式 VOSL 评价模型具有更高的精确性，其评估结果更为合理。

（3）以第三章研究结论为基础，在 VOSL 评价模型中引入性别、驾龄、学历、车保险和月收入个人特性变量。研究结果表明：这 5 个个人特性变量对评价模型均具有显著影响，且女性、驾龄短的、学历高的、车保险种类多的以及月收入水平高的私家车出行者统计生命价值偏高。

（4）在调查问卷中设计"购买交通安全产品"和"选择安全路径出行"两个假设场景，并同时实施问卷调查获得数据进行比较研究，最终获得 VOSL 评估值分别为 40.31 万元和 44.88 万元。研究结果表明：风险背景不同以及支付方式不同，统计生命价值评估值有所不同。

3. 基于意愿选择法的道路交通统计生命价值研究

基于意愿选择法，并结合正交实验法，提出了调查问卷的设计思路，通过构建 BL 模型和 ML 模型并进行模型比较，提出了精确度较高的 VOSL 评价模型，最终获得了合理的 VOSL 评估值，并揭示了路径特性和个人特性对统计生命价值的影响作用。

（1）以文献研究为基础，将意愿选择法与正交试验法相结合设计调查问卷，从而对意愿选择法进行了改进。研究结果表明：改进的意愿选择调查问卷能够大大缩减调查问项，从而大大提高调查效率。

（2）构建了基于 BL 模型和 ML 模型的 VOSL 评价模型，通过模型标定和模型检验对四种模型进行了比较分析。研究结果表明：ML 模型比 BL 模型具有更高的精确性和灵活性，其统计生命价值服从对数正态分布；在基于 ML 模型的 VOSL 评价模型中，死亡风险和出行费用系数均服从负的对数正态分布的模型（模型三）精确性更高，统计生命价值评估值为 37.10 万元（大连市对道路交通致命事故的赔偿额在 15 万元至 70 万元之间），出行时间价值评估值为 28.38 元/小时（参照大连市私家车车主月收入 5 000 元、每天工作 8 小时计算的出行时间价值为 28.4 元/小时），其评估结果更接近实际。

（3）以文献研究和第三章研究结论为基础，以"出行路径选择"为假设场景，在 VOSL 评价模型中引入出行费用、出行时间和死亡风险 3 个路径特性变量，并引入性别、驾龄、学历、车保险和月收入 5 个个人特性变量。研究结果表明：3 个路径特性变量对评价模型均具有显著影响；驾龄短的、学历高的、车保险种类多的以及月收入水平高的出行者的统计生命价值偏高，其评估值分别为 41.03 万元、39.74 万元、53.41 万元和 39.80 万元；性别对统计生命价值的影响不显著。

二、若干建议

依据本书的主要研究结论，从如何提高人们的道路交通安全意识方面提出若干建议，并且针对 VOSL 评价方法和评价模型提出若干应用策略。

1. 提高人们道路交通安全意识的建议

（1）大力普及交通安全知识。为加强国民交通安全宣传教育，增强国民交通安全意识和文明意识，建议道路交通管理部门走进社区、走进中小学宣传授课，以发放传单、布置展板、拉起横幅等多种多样的方式进行交通安全知识的普及，也可以网络视频、互联网平台直播、手机在线直播、微博等形式扩大宣传教育覆盖面，增强宣传教育的直观性和深刻性。目前公安部道路交通安全研究中心策划制作的"超速驾驶篇""闯红灯驾驶篇""分心驾驶篇""酒驾篇""疲劳驾驶篇"等交通安全宣传教育片，就形象生动地再现了道路交通事故发生的全过程，警示了公众文明驾驶、安全出行。

（2）建立交通安全教育基地宣传交通安全出行。为了让公众能够设身处地地感受道路交通事故带来的危害，建议交通安全主管部门建立交通安全宣传教育基地，使公众可以通过模拟驾驶、亲身体验等方式加强对道路交通安全的学习。目前北京市公安局公安交通管理局建立的面向学生和驾驶人群体的交通安全主题宣传教育基地，以互动式体验为核心，全方位打造专业交通安全知识科普与模拟练习互动学习系统，可以进行"驾驶员自适应测试"和"安全交通综合测试"等自测项目，还可以通过"文明驾驶"和"防御性驾驶"等实用性模拟训练提升安全驾驶技能。深圳市交通安全宣传教育罗湖基地新增了国内第一个交通安全事故 4D 影院，通过典型真实案例和专业影视策划再现事故过程，使观看者从各个角度感知交通事故的危害性。

（3）成立"交通安全公益联盟"。为加强道路交通安全、加大交通安全公益宣传力度和广度，建议道路交通安全管理部门牵头成立"交通安全公益联盟"或"交通志愿者协会"等，旨在进一步融合社会各方力量形成各司其职、优势互补、合作共治的格局，有效推进道路交通安全综合治理、加大交通安全公益宣传力度、营造文明交通"人人关注、人人参与、人人践行"的社会氛围。

2. VOSL 评价方法和模型的应用策略

（1）对于道路交通安全意识较强或者已经发放过调查问卷进行相关调查的国家或地区，建议采用二分式条件价值法进行道路交通统计生命价值的评价，原因是条件价值法与意愿选择法相比简单易操作，而二分式条件价值法与开放式条件价值法相比评价结果更准确。

（2）对于道路交通安全意识薄弱或者从未做过相关调查的国家或地区，由于风险沟通困难，建议首先利用开放式条件价值法进行预调查，再利用二分式条件价值法进行正式调查与评价，或者直接利用意愿选择法进行评价。

（3）当被评价对象（假设场景）涉及两个或两个以上变量（死亡风险、费用、时间等）时，建议直接采用意愿选择法进行道路交通统计生命价值的评价。在利用意愿选择法进行统计生命价值评价时，如果只进行单一交通安全项目的评价，建议利用 BL 模型进行评价，原因是 BL 模型建模简单、求解容易，且与 ML 模型评价结果相差不多；如果进行多个项目的比较分析，则建议采用更为灵活、精确性更强的 ML 模型进行评价。

第二节　研究局限与展望

道路交通统计生命价值评价问题涉及的研究对象较多、研究范围较广，本书仅针对其关键问题作了初步探讨，并取得了一些有益成果。但由于时间和精力有限，本书仍存在一些不完善之处，有待在未来的工作中进一步研究。

（1）本书的调查对象仅限于私家车出行者，VOSL 评估结果也只针对私家车出行者。未来的研究方向是针对行人、乘客、公交司机等其他道路交通参与者，因人而异设计调查问卷（假设场景需要变化），获得不同出行者的统计生命价值，并对评估结果进行比较分析，从而深入分析不同类型的出行者统计生命价值的异同。

（2）本书的调查样本仅限于大连地区，VOSL 评估结果仅作为大连地区的案例分析结果。未来的研究方向是利用离散选择模型可移植性较高的特点，结合地区交通与经济特点，因地制宜设计调查问卷（初始投标值、路径特性变量水平需要变化），在其他地区开展统计生命价值的评价研究，从而分析经济、文化差异对统计生命价值的影响。

（3）利用条件价值法进行统计生命价值评价时，调查数据有进一步挖掘的空间。未来的研究方向是通过设计多边界二分式调查问卷，进一步缩小最大支付意愿范围，从而进一步降低假设偏差；通过网上调查的形式进一步增加调查样本量，并通过视频等形式进一步加强风险沟通，从而使统计生命价值的评估结果更为可靠。

（4）利用意愿选择法进行统计生命价值评价时，基于 ML 模型的统计生命价值评估结果有待进一步剖析。未来的研究方向是对于统计生命价值服从对数正态分布的特点，需要进一步深入分析这一特点产生的原因，以及这一特点对实践的指导作用。

（5）针对同一样本和同一假设场景，分别利用条件价值法和意愿选择法评估统计生命价值，并对其评估结果进行比较分析。

（6）进一步深入分析我国民众的生命价值观与西方国家的区别，从而建立具有我国价值观特点的统计生命价值评价方法体系。

附录一　道路交通安全支付意愿
影响因素调查问卷

本项调查的目的是全面分析大连市居民对安全道路的支付意愿，从而为新建和维护城市道路项目的经济可行性提供依据。请您认真回答本问卷，您提供的宝贵信息我们将只作为科学研究之用。感谢您的支持与合作。

本次调查由以下四部分构成：

第一部分：安全道路功能和效果的描述

第二部分：对安全道路的感知调查

第三部分：个人风险情况与观念调查

第四部分：个人基本信息调查

第一部分　安全道路功能和效果的描述

假设在您出行时有一条更安全的道路可供选择，道路路面线性设计合理、交通标志标线醒目、路面抗滑能力强，能够保证较高的行车安全，但是同时需要您支付一定费用。

第二部分　对安全道路的感知调查

请您根据对安全道路的感知回答下面问题。（在您对应的选项□上打"√"）

测量变量	问项
支付意愿	1. 您独自出行时愿意选择安全道路并支付一定费用吗？ □非常不同意　□不同意　□不确定　□同意　□非常不同意 2. 您载儿童出行时愿意选择安全道路并支付一定费用吗？ □非常不同意　□不同意　□不确定　□同意　□非常不同意 3. 您载其他乘客（不包括儿童）出行时愿意选择安全道路并支付一定费用吗？ □非常不同意　□不同意　□不确定　□同意　□非常不同意
行为态度	1. 您认为安全道路能够降低死亡风险吗？ □非常不同意　□不同意　□不确定　□同意　□非常不同意 2. 您认为安全道路能够降低伤残风险吗？ □非常不同意　□不同意　□不确定　□同意　□非常不同意 3. 您认为安全道路能够降低财产损失吗？ □非常不同意　□不同意　□不确定　□同意　□非常不同意
主观规范	1. 政府对道路交通安全的倡导力度会对你产生影响吗？ □非常不同意　□不同意　□不确定　□同意　□非常不同意 2. 媒体对道路交通安全的宣传力度会对你产生影响吗 □非常不同意　□不同意　□不确定　□同意　□非常不同意 3. 驾校对道路交通安全的宣传程度会对你产生影响吗？ □非常不同意　□不同意　□不确定　□同意　□非常不同意

第三部分　个人风险情况与观念调查

请根据您的实际情况回答下面问题。（在您对应的选项□上打"√"）

测量变量	问项
风险暴露程度	1. 您一天中开车出行时间（h 表示小时）？ □≤1h　□1h～2h　□2h～3h　□3h～5h　□≥5h 2. 您一年中开车出行的频率？ □偶尔几天　□几乎每休息日　□每隔一天　□几乎每工作日　□几乎每天
风险控制能力	1. 您今年发生独立事故的次数？ □从来没有　□1 次　□2 次　□3 次　□4 次及以上 2. 您今年发生撞车非独立事故的次数？ □从来没有　□1 次　□2 次　□3 次　□4 次及以上 3. 您今年发生撞人非独立事故的次数？ □从来没有　□1 次　□2 次　□3 次　□4 次及以上

续表

测量变量	问项
风险厌恶程度	1. 您今年超速次数？ □从来没有　　□1 次　　□2 次　　□3 次　　□4 次及以上 2. 您今年闯红灯次数？ □从来没有　　□1 次　　□2 次　　□3 次　　□4 次及以上 3. 您今年酒驾次数？ □从来没有　　□1 次　　□2 次　　□3 次　　□4 次及以上 4. 您今年逆行次数？ □从来没有　　□1 次　　□2 次　　□3 次　　□4 次及以上

第四部分　个人基本信息调查

请根据您的实际情况回答下面问题。（在您对应的选项□上打"√"）

1. 您的性别　　□男　　□女
2. 您的年龄　　□18～29　　□30～39　　□40～49　　□50～59　　□60～70
3. 您的学历　　□大专以下　　□专科　　□本科　　□硕士　　□博士及以上
4. 您的驾龄　　□≤1 年　　□1～2 年　　□2～3 年　　□3～5 年　　□>5 年
5. 您今年车保险　□仅交强险　□交强险＋第三者险（≤30 万元）　□交强险＋第三者险（>30 万元）　□交强险＋第三者险＋车损险　□几乎全险
6. 您的月工资水平　　□≤2 000 元　　□2 000～4 000 元　　□4 000～6 000 元　　□6 000～8 000 元　□>8 000 元
7. 您的月还贷水平　　□无　　□≤1 000 元　　□1 000～2 000 元　　□2 000～3 000 元　　□>3 000 元
8. 您的月交通补助　　□无　　□≤200 元　　□200～500 元　　□500～1 000 元　　□>1 000 元

附录二 基于 CVM 的交通安全支付意愿调查问卷

预调查问卷

据公安局相关数据统计，2009 年我国驾驶员在交通出行时面临的平均致命风险是 3/10 000（即：1 万个驾驶员中有 3 人死亡）。下面假设两个场景，能够降低驾驶员的死亡风险，请您根据个人的支付意愿和支付能力来回答下面两个问题。

假设场景 1

假设有一种可以安装在轿车中的电子安全设备，能够提供可靠的安全信息如超速提醒、红灯提醒、危险路段提醒、对面来车提醒等。它美观、轻巧，便于安装，使用期限是 10 年。

问题 1：如果这种设备可以使驾驶员的致命风险降低 2/3（即 2/10 000），您 最多 愿意花多少钱来购买？

如果您的答案在下列选项（单位：元）中，请在选项前的"□"处用"√"作标记。

□0　　　　□100　　　　□200　　　　□300　　　　□400
□500　　　　□600　　　　□700　　　　□800　　　　□900
□1 000　　　□1 200　　　□1 500　　　□2 000　　　□3 000

如果您的答案不在上述选项中，请在横线_____上直接填写您的答案。

假设场景 2

假设在您的居住地和工作地之间新建一条道路，与原有路的通行时间基本相同，但新建路路面线性设计合理、交通标志标线醒目、路面抗滑能力强，能够保证较高的行车安全。同时这条路实行按年收费制度。

问题 2：如果这条路可使驾驶员的致命风险降低 2/3（即 2/10 000），您 每年最多 愿意支付多少费用来选择新建路通行？

如果您的答案在下列选项（单位：元）中，请在选项前的 "□" 处用 "√" 作标记。

□0   □10   □20   □30   □40
□50   □60   □80   □100   □200
□300   □400   □500   □600   □800

如果您的答案不在上述选项中，请在横线_____上直接填写您的答案。

正式调查问卷。

尊敬的市民：您好！

随着大连市机动车数量的增加，交通事故数量也不断增加。尽管政府已经采取了许多交通政策和措施来降低交通事故风险，但交通事故仍不可避免。本调查目的是为了论证道路交通安全项目或政策的有效性，以便更好地控制交通事故的发生，提高大连市全体居民的交通安全水平。

我们需要您的帮助，您提供的宝贵信息和意见对我们来说非常重要。

我们保证您提供的信息只作为科学研究之用，并绝对保密。

谢谢您的支持与合作！

调查说明

本次调查由两部分组成：

第一部分：对道路交通安全的支付意愿调查

第二部分：个人基本信息的调查

正式问卷从下页开始，请根据您个人的实际情况认真作答，向您的支持致以诚挚谢意！

第一部分　对道路交通安全的支付意愿调查

据公安局相关数据统计，2010 年大连市驾驶员在交通出行时面临的平均致命风险是 3/10 000（即：1 万个驾驶员中有 3 人死亡）。下面假设两个场景，能够降低驾驶员的死亡风险，请您根据个人的支付意愿和支付能力来回答下面问题。

假设场景 1

假设有一种可以安装在轿车中的电子安全设备，能够提供可靠的安全信息如超速提醒、红灯提醒、危险路段提醒、对面来车提醒等，每年降低您的致命风险为 2/10 000。它美观、轻巧，便于安装，使用期限是 10 年。

①您愿意花费 bid_I 元来购买这种设备吗？

A. 愿意　B. 不愿意（若答案为 A，转入第②题；若答案为 B，转入第③题）

②您愿意花费 bid_U 元来购买这种设备吗？

A. 愿意　B. 不愿意（若答案为 A，转入第②题；若答案为 B，转入第③题）

---

③您愿意花费 bid_L 元来购买这种设备吗？

A. 愿意　B. 不愿意（若答案为 A，转入第②题；若答案为 B，转入第③题）

④您愿意花费 bid_{MU} 元来购买这种设备吗？

A. 愿意　B. 不愿意（转入第⑧题）

⑤您愿意花费 bid_{IU} 元来购买这种设备吗？

A. 愿意　B. 不愿意（转入第⑧题）

⑥您愿意花费 bid_{LI} 元来购买这种设备吗？

A. 愿意　B. 不愿意（转入第⑧题）

⑦您愿意花费 bid_{ML} 元来购买这种设备吗？

A. 愿意　B. 不愿意（转入第⑧题）

⑧如果这条新建道路真实存在，您是否会真的支付上述费用？（结束）

A. 一定　B. 可能性很大　C. 有一定可能性　D. 可能性很小

假设场景 2

假设在您的居住地和工作地之间新建一条道路，与原有道路的通行时间基本相同，但新建道路路面线性设计合理、交通标志标线醒目、路面抗滑能力强，能够为您保证较高的行车安全，每年降低您的致命风险为 2/10 000，且这条路实行按年收费制度。

①您上班时愿意选择新建道路出行并为其支付每年 bid_1 元费用吗？

A. 愿意　B. 不愿意（若答案为 A，转入第②题；若答案为 B，转入第③题）

②您上班时愿意选择新建道路出行并为其支付每年 bid_U 元费用吗？

A. 愿意　B. 不愿意（若答案为 A，转入第④题；若答案为 B，转入第⑤题）

③您上班时愿意选择新建道路出行并为其支付每年 bid_L 元费用吗？

A. 愿意　B. 不愿意（若答案为 A，转入第⑥题；若答案为 B，转入第⑦题）

④您上班时愿意选择新建道路出行并为其支付每年 bid_{MU} 元费用吗？

A. 愿意　B. 不愿意（转入第⑧题）

⑤您上班时愿意选择新建道路出行并为其支付每年 bid_{IU} 元费用吗？

A. 愿意　B. 不愿意（转入第⑧题）

⑥您上班时愿意选择新建道路出行并为其支付每年 bid_{LI} 元费用吗？

A. 愿意　B. 不愿意（转入第⑧题）

⑦您上班时愿意选择新建道路出行并为其支付每年 bid_{ML} 元费用吗？

A. 愿意　B. 不愿意（转入第⑧题）

⑧如果这条新建道路真实存在，您是否会真的支付上述费用？（结束）

A. 一定　B. 可能性很大　C. 有一定可能性　D. 可能性很小

第一部分调查结束，下页进入第二部分调查！

第二部分　个人基本信息调查

本部分调查是您的个人基本资料，我们会完全保密！（请在（　　　）中填入相应的答案；或在选项前的"□"处用"√"作标记）

1. 您的年龄	（　　　）周岁
2. 您的驾龄	（　　　）年
3. 您的性别	□男　　□女
4. 您的学历	□大专以下　　□大专　　□本科　　□研究生及以上
5. 您的车保险种类	□仅交强险　　□交强险＋第三者险 □交强险＋第三者险＋车损险　　□几乎全险
6. 您的个人月收入	□3 000 元以下　　□3 000～5 000 元　　□5 000～8 000 元　　□8 000 元以上

问卷调查到此结束，再次感谢您的合作！

附录三　基于 SCM 的出行路径选择意愿调查问卷

尊敬的市民：您好！

随着大连市机动车数量的增加，交通事故数量也不断增加。尽管政府已经采取了许多交通政策和措施来降低交通事故风险，但交通事故仍不可避免。本调查目的是为了论证道路交通安全项目或政策的有效性，以便更好地控制交通事故的发生，提高大连市全体居民的交通安全水平。

我们需要您的帮助，您提供的宝贵信息和意见对我们来说非常重要。

我们保证您提供的信息只作为科学研究之用，并绝对保密。

谢谢您的支持与合作！

调查说明

本次调查由两部分组成：

第一部分：出行路径选择意愿调查

第二部分：个人基本信息调查

正式问卷从下页开始，请根据您个人的实际情况认真作答，向您的支持致以诚挚谢意！

第一部分　出行路径选择意愿调查

假设您 经常开车 从居住地（A 地）到工作单位（B 地）去上班，连接两地有一条收费道路和一条免费道路，长度均是50公里。收费道路安全水平较高，免费道路安全水平相对较低，并且两条路的通行时间不同。请您根据您的个人实际情况回答下面3个问题（以下假设场景可能与您的实际出行不符，但请您尽最大努力完成选择）。

问题1：如果两条路的收费、通行时间和安全水平如下表，您更愿意选择哪一条路？

道路类型	收费路	免费路
收费情况（元/每次通行）	5	0
通行时间（分钟）	60	80
死亡人数/年（人/十万人）	3	12

您的选择是？（请在选项前的"□"处用"√"作标记）
□收费路
□免费路

问题2：如果两条路的收费、通行时间和安全水平如下表，您更愿意选择哪一条路？

道路类型	收费路	免费路
收费情况（元/每次通行）	2	0
通行时间（分钟）	50	80
死亡人数/年（人/十万人）	3	15

您的选择是？（请在选项前的"□"处用"√"作标记）

□收费路

□免费路

问题 3：如果两条路的收费、通行时间和安全水平如下表所示，您更愿意选择哪一条路？

道路类型	收费路	免费路
收费情况（元/每次通行）	2	0
通行时间（分钟）	40	70
死亡人数/年（人/十万人）	9	10

您的选择是？（请在选项前的"□"处用"√"作标记）

□收费路

□免费路

第二部分　个人基本信息调查

本部分调查是您的个人基本资料和出行信息，我们会完全保密！（请在（　　）中填入相应的答案；或在选项前的"□"处用"√"作标记）

1. 您的年龄	（　　）周岁
2. 您的驾龄	（　　）年
3. 您的性别	□男　　□女
4. 您的学历	□大专以下　　□大专　　□本科　　□研究生及以上
5. 您的车保险种类	□仅交强险　　□交强险+第三者险　　□交强险+第三者险+车损险 □几乎全险
6. 您的个人月收入	□3 000 元以下　　□3 000~5 000 元　　□5 000~8 000 元　　□8 000 元以上

问卷调查到此结束，再次感谢您的合作！

附录四　正交表 $L_{27}(3^5)$

试验次数	因素				
	1	2	3	4	5
1	1	1	1	1	1
2	1	1	2	2	2
3	1	1	3	3	3
4	1	2	1	2	2
5	1	2	2	3	3
6	1	2	3	1	1
7	1	3	1	3	3
8	1	3	2	1	1
9	1	3	3	2	2
10	2	1	1	2	3
11	2	1	2	3	1
12	2	1	3	1	2
13	2	2	1	3	1
14	2	2	2	1	2
15	2	2	3	2	3
16	2	3	1	1	2
17	2	3	2	2	3
18	2	3	3	3	1
19	3	1	1	3	2
20	3	1	2	1	3

续表

试验次数	因素				
	1	2	3	4	5
21	3	1	3	2	1
22	3	2	1	1	3
23	3	2	2	2	1
24	3	2	3	3	2
25	3	3	1	2	1
26	3	3	2	3	2
27	3	3	3	1	3

附录五　ML 模型仿真结果

常数项估计值

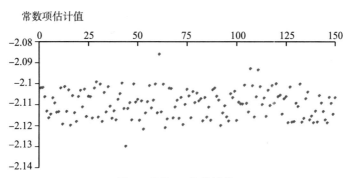

图 1　参数 a_0 的估计值

常数项的t值

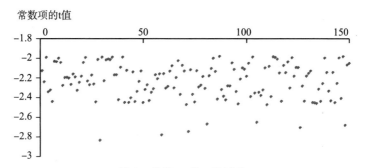

图 2　参数 a_0 的 t 统计值

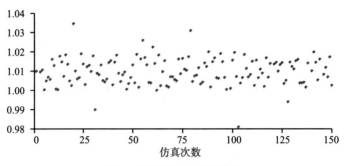

图 3　费用参数 μ 的估计值

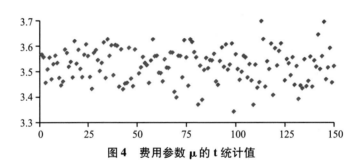

图 4　费用参数 μ 的 t 统计值

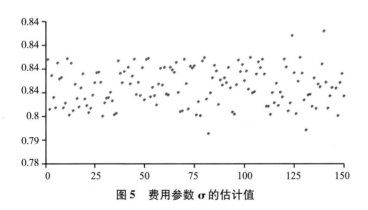

图 5　费用参数 σ 的估计值

费用参数的t值

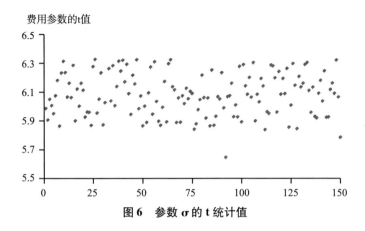

图 6　参数 σ 的 t 统计值

时间系数的估计值

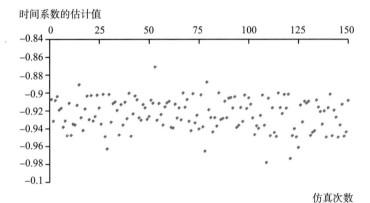

仿真次数

图 7　参数 β 的估计值

时间系数的t值

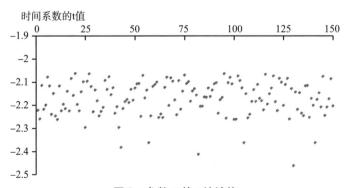

图 8　参数 β 的 t 统计值

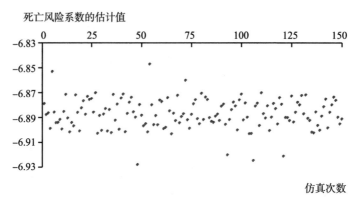

图9　参数 χ 的估计值

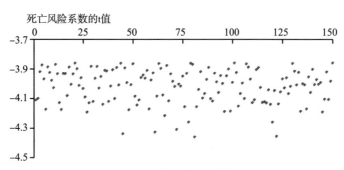

图10　参数 χ 的 t 统计值

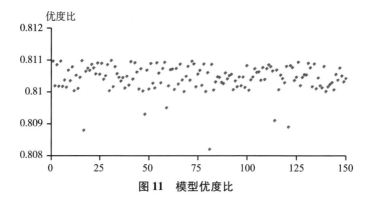

图11　模型优度比

参考文献

[1] 蔡春光，陈功，乔晓春，郑晓瑛. 单边界、双边界二分式条件价值评估方法的比较——以北京市空气污染对健康危害问卷调查为例 [J]. 中国环境科学，2007，27（1）：39 - 43.

[2] 蔡向阳，铁永波. 基于CVM的地质灾害风险价值评估方法探索 [J]. 灾害学，2017，32（1）：212 - 215 + 227.

[3] 陈家鼎，郑忠国. 概率与统计 [M]. 北京：北京大学出版社，2007.

[4] 程启智，李文鸿，吴汀江. 基于职业安全管制效益评价的工人生命价值估算——以中国煤炭行业工人生命价值为例 [J]. 云南财经大学学报，2014（1）：145 - 153.

[5] 程启智. 人的生命价值理论比较研究 [J]. 中南财经政法大学学报，2005（6）：39 - 44.

[6] 大连市统计局. 大连统计年鉴2010 [M]. 北京：中国统计出版社，2010.

[7] 董志勇. 行为经济学原理 [M]. 北京：北京大学出版社，2006.

[8] 方开泰，马长兴. 正交与均匀实验设计 [M]. 北京：科学出版社，2001.

[9] 高丽莉，关宁. 条件价值评估法的经济学原理及其应用 [J]. 经济管理论坛，2005（19）：37，63.

[10] 高宪芹. 利他主义行为研究的概述 [J]. 黑河学刊，2010，149

（1）：43-44.

[11] 关宏志．非集计模型——交通行为分析的工具 [M]．北京：人民交通出版社，2004.

[12] 国家统计局．中国统计年鉴 2013 [M]．北京：中国统计出版社，2013.

[13] 国家统计局．中国统计年鉴 2000 [M]．北京：中国统计出版社，2000.

[14] 贾洪飞．基于计划行为理论的换乘决策机理解析 [J]．吉林大学学报（工学版），2012，42（6）：1481-1486.

[15] 靳乐山．环境质量价值若干评估技术研究 [D]．北京：中国农业大学，1997.

[16] 孔萍．公交分时定价下居民出发时间选择意向研究 [D]．成都：西南交通大学，2013.

[17] 李华敏．乡村旅游行为意向形成机制研究：基于计划行为理论的拓展 [M]．北京：中国社会科学出版社，2009.

[18] 李怀祖．管理研究方法论 [M]．西安：西安交通大学出版社，2004.

[19] 李静萍，谢邦昌．多元统计分析方法与应用 [M]．北京：中国人民大学出版社，2008.

[20] 辽宁大连市 2010 年度 249 人死于道路交通事故 [EB/OL]．http：//news. sina. com. cn/c/2010-12-30/235221736932. shtml，2010-12-30.

[21] 刘春娣．涉苯作业人员防护用品利用行为影响因素研究 [D]．杭州：杭州师范大学，2013.

[22] 刘光远．世界预防道路交通伤害报告 [M]．北京：人民卫生出版社，2004.

[23] 刘彦宇．基于计划行为理论对超速行车意向的研究 [D]．杭州：浙江理工大学，2013.

[24] 鲁欣钧．基于社会资本视角的社交网站知识分享影响因素研究 [D]．杭州：浙江大学，2012.

[25] 罗丞．消费者对安全食品支付意愿的影响因素分析——基于计划

行为理论框架［J］．中国农村观察，2010（6）：22 - 34.

［26］罗俊鹏，何勇．道路交通安全统计生命价值的条件价值评估［J］．公路交通科技，2008（6）：134 - 138.

［27］马小辉．基于计划行为理论对消费者安全食品购买意向的研究［D］．武汉：华中农业大学，2012.

［28］梅强，陆玉梅．事故经济损失估算模型的研究［J］．技术经济，1997（10）：54 - 56.

［29］彭小辉，王常伟，史清华．城市农民工生命统计价值研究：基于改进的特征工资模型——来自上海的证据［J］．经济理论与经济管理，2014（1）：52 - 61.

［30］钱永坤．煤矿工人"统计"的生命价值研究［J］．统计研究，2011，28（4）：89 - 92.

［31］钱岳芳，张可，张毅．基于元分析法的国内电子政务研究特征分析［J］．情报杂志，2011，30（4）：43 - 48.

［32］任朝霞，王丽霞．双边界二分式条件价值法评估耕地资源非市场价值实证研究［J］．安徽农业科学，2011，39（26）：16200 - 16202.

［33］沈斐敏，钱新明．道路交通安全［M］．北京：机械工业出版社，2011.

［34］石磊．人命几何——政策分析中如何确定生命的市场价值［J］．青年研究，2004（4）：1 - 5.

［35］孙宁宁，郭晗，潘乐．两种条件价值评估水价承受能力研究的比较［J］．水力发电，2009，35（8）：90 - 93.

［36］田璠．基于道路拥挤收费的出行时间价值研究［D］．大连：大连理工大学，2009.

［37］屠文娟，张超，汤培荣．基于生命经济价值理论的企业安全投资技术经济分析［J］．中国安全科学学报，2003，13（10）：26 - 30.

［38］王国平．职业安全投资的经济效益计量及其评价［D］．上海：同济大学，1988.

［39］王济川，王小倩，姜宝法．结构方程模型：方法与应用［M］．北京：高等教育出版社，2011.

[40] 王静. 初中生不良交通行为危险因素分析——计划行为理论的运用 [J]. 环境与职业医学, 2013, 30 (2): 108-111.

[41] 王亮, 钱升. 试论安全投资评价中的人命经济价值 [J]. 劳动保护科学技术, 1991, 11 (6): 17-19.

[42] 王亮. 生命价值的实证研究 [J]. 中国安全科学学报, 2004, 14 (7): 43-49.

[43] 王树盛, 黄卫, 葛华. Mixed Logit 模型随机参数分布形式选择探讨 [J]. 公路交通科技, 2006, 23 (8): 122-146.

[44] 王玉怀, 李祥仪. 煤矿事故中生命价值经济评价探讨 [J]. 中国安全科学学报, 2004, 14 (8): 28-30.

[45] 吴明隆. 结构方程模型-AMOS 的操作与应用 (第二版) [M]. 重庆: 重庆大学出版社, 2010.

[46] 徐晓程, 陈仁杰, 阚海东, 应晓华. 我国大气污染相关统计生命价值的 meta 分析 [J]. 2013, 16 (1): 64-67.

[47] 徐晓程, 陈仁杰, 阚海东, 应晓华. 我国大气污染相关统计生命价值的 meta 分析 [J]. 中国卫生资源, 2013, 16 (1): 64-67.

[48] 徐钟济. 蒙特卡罗方法 [M]. 上海: 上海科学技术出版社, 1985.

[49] 杨智伟. 基于 ATIS 的交通出行信息选择行为及支付意愿研究 [D]. 大连: 大连交通大学, 2010.

[50] 叶航. 利他行为的经济学解释 [J]. 经济学家, 2005 (3): 22-29.

[51] 叶星, 杜乐佳. 略论统计生命价值方法 [J]. 宁波大学学报 (人文科学版), 2017, 30 (5): 117-122.

[52] 易丹辉. 结构方程模型方法与应用 [M]. 北京: 中国人民大学出版社, 2008.

[53] 尹静. 北京市居民出行方式选择意向研究 [D]. 北京: 北京交通大学, 2012.

[54] 于汐, 唐彦东, 刘春平. 统计生命价值研究综述 [J]. 中国安全科学学报, 2014, 24 (9): 146-151.

[55] 俞国良. 社会心理学 [M]. 北京: 北京师范大学出版社, 2006.

［56］袁群明. 个体控制感和人际好奇对大学生利他行为影响的研究
［D］. 沈阳，东北师范大学，2018.

［57］曾贤刚，蒋妍. 空气污染健康损失中统计生命价值评估研究 ［J］.
中国环境科学，2010，30（2）：284 – 288.

［58］张海亮. 万车死亡率是发达国家的 4 至 8 倍 ［EB/OL］. http：//ah-
sz. wenming. cn/wzzt/wmjt/201211/t20121130_ 438521. html，2012 – 12 –30.

［59］张丽仙. 浅析市场调查中态度测量方法 ［D］. 大连：东北财经大
学，2005.

［60］张羽祥. 私家车通勤出行时间价值研究 ［D］. 大连：大连理工大
学，2008.

［61］赵胜川，王喜文，张羽祥，姚荣涵. 私家车出行者通勤出行时间
价值 ［J］. 交通运输系统工程与信息，2009，9（1）：109 – 112.

［62］赵胜川，张羽祥. 基于非集计模型的统计生命价值分析 ［J］. 公路
交通技术，2008（5）：128 – 131.

［63］赵妍，冯之坦，朱时娟，赵鹏. 运用半对数模型探索生命价值测
度的新方法 ［J］. 统计与决策，2007（5）：6 – 7.

［64］郑显亮，顾海根. 国外利他行为影响因素的研究综述 ［J］. 外国中
小学教育，2010（9）：51 – 55.

［65］仲秋雁，宋娟，曲刚. 基于元分析的国际知识管理研究特征分析
［J］. 管理学报，2009，6（1）：36 – 44.

［66］Elvik R. Cost – benefit analysis of road safety measures：applicability
and controversies ［J］. Accident Analysis and Prevention，2001（33）：9 – 17.

［67］Van Wee B，Rietveld P. Using value of statistical life for the ex ante evalu-
ation of transport policy options：a discussion based on ethical theory ［J］. Transporta-
tion，2013（40）：295 – 314.

［68］Schelling T C. The life you save may be your own ［A］. Problems in
Public Expenditure Analysis ［C］. Washington，DC：Brookings，1968：127 –
162.

［69］Soderqvist T. The value of saving a statistical life in the case of residen-
tial radon risks：estimates and determinants ［D］. Stockholm：Stockholm schoole

of economics, 1994.

[70] Vassanadumrongdee S, Matsuoka S. Risk perceptions and value of a statistical life for air pollution and traffic accidents: evidence from Bangkok, Thailand [J]. Journal of Risk and Uncertainty, 2005, 30 (3): 261 – 287.

[71] Hammitt, J K, Zhou Y. Economic value of air-pollution-related health risks in China: a contingent valuation study [J]. Environmental and Resource Economics, 2006, 33: 399 – 423.

[72] Marin A, Psacharopoulos G. Reward for risk in the labormarket: evidence from the United Kingdom and a reconciliation with other studies [J]. Journal of Political Economy, 1982, 90: 827 – 853.

[73] Lanoie P, Pedro C, Latour R. The value of a statistical life: a comparison of two approaches [J]. Journal of Risk and Uncertainty, 1995, 10: 253 – 257.

[74] Kim S W, Fishback P V. Impact of institutional change on compensating wage differentials for accident risk: south Korea, 1984 – 1990 [J]. Journal of Risk and Uncertainty, 1999, 18: 231 – 248.

[75] Shanmugam K R. Valuation of life and injury risks-empirical evidence from India [J]. Environmental and Resource Economics, 2000, 16: 379 – 389.

[76] Viscusi W K, Aldy J E. The value of a statistical life: a critical review of market estimates throughout the world [J]. Journal of Risk Uncertainty, 2003, 27 (1): 5 – 76.

[77] Savage I. An empirical investigation into the effect of psychological perceptions on the willingness to pay to reduce risk [J]. Journal of Risk and Uncertainty, 1993, 6: 75 – 90.

[78] Hammitt JK, Liu J T. Effects of disease type and latency on the value ofmortality risk [J]. Journal of Risk and Uncertainty, 2004, 28: 73 – 95.

[79] Alberini A, Ščasný M. Context and the VSL: Evidence from a stated preference study in Italy and the Czech Republic [J]. Environmental and Resource Economics, 2011 (49): 511 – 538.

[80] Chilton S, Judith Covey, Lorraine Hopkins, et al. Public perceptions

of risk and preference-based values of safety [J]. Journal of Risk and Uncertainty, 2002, 25 (3): 211 –232.

[81] Carlsson F, Daruvala D, Jaldell H. Value of statistical life and cause of accident: a choice experiment [J]. Risk Analysis, 2010, 30 (6): 975 –86.

[82] McDaniels T L. Reference points, loss aversion and contingent valuation for auto safety [J]. Journal of Risk and Uncertainty, 1992, 5: 187 –200.

[83] Jones-lee M W, Loomes G. Scale and context effects in the valuation of transport safety [J]. Journal of Risk and Uncertainty, 1995, 11: 183 –203.

[84] Covey J, Robinson A, Jones-Lee M, Loomes G. Responsibility, scale and the valuation of rail safety [J]. Journal of Risk Uncertain, 2010 (40): 85 – 108.

[85] Dekker T, Brouwer R, Hofkes M, Moeltner K. The effect of risk context on the value of a statistical life: a Bayesian Meta-model [J]. Environmental and Resource Economics, 2011 (49): 597 –624.

[86] Glass G V. Primary, Secondary, and Meta-analysis of Research [J]. Educational Research, 1976, 6 (5): 3 –8.

[87] Elvik R. An analysis of official economic valuations of traffic accident fatalities in 20 motorized countries [J]. Accident Analysis and Prevention, 1995, 27 (2): 237 –247.

[88] de Blaeij A T. The value of statistical life in road safety: a meta-analysis [J]. Accident Analysis and Prevention, 2003, 35 (6): 973 –986.

[89] Bhattacharya S, Alberini A, Cropper M L. The value of mortality risk reductions in Delhi, India [J]. Journal of Risk Uncertainty, 2007, 34: 21 –47.

[90] Rizzi, Ortúzar. Stated preference in the valuation of interurban road safety [J]. Accident Analysis and Prevention, 2003, 35 (1): 9 –22.

[91] Miller T R. Variations between countries in values of statistical life [J]. Journal of Transport Economics and Policy, 2000, 34: 169 –188.

[92] Trawe'na A, Marastea P, Persson U. International comparison of costs of a fatal casualty of road accidents in 1990 and 1999 [J]. Accident Analysis and Prevention, 2002, 34: 323 –332.

[93] Hicks J R. The rehabilitation of consumer's surplus [J]. Review of Economic Studies, 1941, 8 (2): 108 – 116.

[94] Atkinson S E, Halvorson R. The valuation of risks to life: evidence from the market for automobiles [J]. Review of Economics and Statistics, 1990, 73: 133 – 136.

[95] Blomquist G, Miller T, Levy D. Values of risk reduction implied by motorist use of protection equipment: new evidence from different populations [J]. Transportation of Economic and Policy, 1996, 30: 55 – 66.

[96] Mount T, Weng W, Schulze W, Chestnut L. Automobile safety and the value of statistical life in the family: valuing reduced risk for children, adults and the elderly [R]. United States Environmental Protection Agency, 2001.

[97] Jenkins R R, Nicole O, Lanelle B W. Valuing Reduced Risks to Children: The Cause of Bicycle Safety Helmets [J]. Contemporary Economic Policy, 2001, 19 (4): 397 – 408.

[98] Andersson H. The Value of Safety as Revealed in the Swedish Car Market: An Application of the Hedonic Pricing Approach [J]. Journal of Risk and Uncertainty 2005, 30 (3): 211 – 239.

[99] Davis R K. The value of outdoor recreation: an economic study of the maine woods [D]. Cambridge, M A: Harvard University, 1963.

[100] Jones-Lee M W, Hammerton M, Habbott V. The value of transport safety: results of a national sample survey [R]. Report to the Department of Transport, 1983.

[101] Persson U. The value of a statistical life in transport: findings from a new contingent valuation study in Sweden [J]. Journal of Risk Uncertainty, 2001, 3 (2): 121 – 134.

[102] Shen J Y. A Review of Stated Choice Method [D]. Osaka: Osaka University, 2005.

[103] Iragüen P, Ortúzar J. Willingness-to-pay for reducing fatal accident risk in urban areas: an Internet-based Web page stated preference survey [J]. Accident Analysis and Prevention, 2004, 36 (1): 513 – 524.

［104］Rouwendal J, de Blaeij A, Rietveld P, et al. The information content of a stated choice experiment: A new method and its application to the value of a statistical life ［J］. Transportation Research Part B, 2009 (04): 1 – 16.

［105］Jones – Lee M W. The value of changes in the probability of death or injury. J. Polit. Econ. 1974. 82 (4), 835 – 849.

［106］Eeckhoudt L R, Hammitt J K. Background risks and the value of a statistical life ［J］. The Journal of Risk and Uncertainty, 2001, 23 (3): 261 – 279.

［107］Hanemann W M. Welfare evaluations in contingent valuation experiments with discrete responses data: reply ［J］. American Journal of Agricultural Economics, 1989, 71 (4): 1057 – 1061.

［108］Carthy T, Chilton S, Covey J, et al. On the contingent valuation of safety and the safety of contingent valuation: Part 2 – the CV/SG "chained" approach ［J］. Journal of Risk Uncertainty, 1999, 17 (3): 187 – 213.

［109］Hammitt J K, Liu J T. Effect of disease type and latency on the value of mortality risk ［J］. Journal of Risk Uncertainty, 2004, 28 (1): 73 – 95.

［110］Carlsson F, Johansson S O, Martinsson P. Is transport safety more valuable in the air? ［J］. Journal of Risk Uncertainty, 2004, 28 (2): 147 – 163.

［111］Dosman D M, Wiktor L A, Steve E H. Socioeconomic determinants of health and food safety related risk perceptions ［J］. Risk Analysis, 2001, 21 (2): 307 – 317.

［112］de Blaeij A T, van Vuuren D J. Risk perception of traffic participants ［J］. Accident Analysis and Prevention, 2003, 35: 167 – 175.

［113］Chilton S, Covey J, Hopkins L, et al. Public Perceptions of Risk and Preference – Based Values of Safety ［J］. The Journal of Risk and Uncertainty, 2002, 25 (3): 211 – 232.

［114］Andersson H, Lundborg P. Perception of own death risk – An analysis of road-traffic and overall mortality risks ［J］. Journal of Risk and Uncertainty, 2007, 34: 67 – 84.

［115］Alberini A, Ščasný M. Exploring heterogeneity in the value of a statistical life: Cause of death v. risk perceptions ［J］. Ecological Economics, 2013

(94): 143 - 155.

[116] Miller T R. Variations between countries in values of statistical life [J]. Journal of Transport Economics and Policy, 2000, 34: 169 - 188.

[117] Hultkrantz L, Svensson M. The value of a statistical life in Sweden: A review of the empirical literature [J]. Health Policy, 2012 (108): 302 - 310.

[118] Ghosh D, Lees D, Seal W. Optimal motorway speed and some valuations of time and life [J]. The Manchester School of Economic and Social Studies, 1975, 43: 134 - 143.

[119] Blomquist G C. Value of life saving: implications of consumption activity [J]. Journal of Political Economy, 1979, 78: 540 - 558.

[120] Jondrow J M, Bowes M, Light R J. The optimal speed limit [J]. Economic Inquiry, 1983, 21: 325 - 336.

[121] Winston C, Mannering F. Consumer demand for automobile safety: new evidence on the demand for safety and the behavioral response to safety regulation [J]. American Economic Review, 1984, 74: 316 - 319.

[122] Maier G, Gerking S, Weiss P. The economics of traffic accidents on Australian roads: risk lovers or policy deficit? [J]. Empirical - Austrian Economic Papers, 1989, 16: 177 - 192.

[123] Atkinson S E, Halvorson R. The valuation of risks to life: evidence from the market for automobiles [J]. Review of Economics and Statistics, 1990, 73: 133 - 136.

[124] Persson, U., Cedervall, M. The value of risk reduction: results of a Swedish sample survey [R]. Lund: The Sweden Institute of Health Economics, 1991.

[125] Dreyfus M K, Viscusi WK. Rates of time preferences and consumer valuation in automobile safety and fuel efficiency [J]. Journal of Law and Economics, 1995, 38: 79 - 105.

[126] Johannesson M, Johansson P O, O'Conor R. The value of private safety versus the value of public safety [J]. Journal of Risk and Uncertainty, 1996, 13: 263 - 275.

[127] Beattie J, Covey J, Dolan P, et al. On the contingent valuation of safety and the safety of contingent valuation: Part 1 – Caveat investigator [J]. Journal of Risk and Uncertainty, 1998, 17: 5 – 25.

[128] Carthy T, Chilton S, Covey, J. et al. On the contingent valuation of safety and the safety of contingent valuation: Part 2 – the CV/SG "chained" approach [J]. Journal of Risk Uncertainty, 1999, 17 (3): 187 – 213.

[129] Doucouliagosa H, Stanley T D, Viscusic W K. Publication selection and the income elasticity of the value of a statistical life [J]. Journal of Health Economics, 2014, (33): 67 – 75.

[130] Harrison G W. Experimental evidence on alternative environmental valuation methods [J]. Environmental and Resource Economics, 2006, 34: 125 – 162.

[131] Harrison G W, Rutstrom E E. Experimental evidence on the existence of hypothetical bias in value elicitation methods [A]. In: Handbook in Experimental Economics Results [D]. New York, 2008: 752 – 767.

[132] Fishbein M, Ajzen I. Belief, attitude, intention and behavior: an introduction of theory and research [M]. Reading M A: Addison – Wesley Publishing Company, 1975.

[133] Ajzen I. The theory of planned behavior [J]. Organizational Behavior and Human Decision Processes, 1991, 50 (2): 179 – 211.

[134] Becker G S. The Economic Approach to human behavior [M]. Chicago: University of Chicago Press, 1976.

[135] Sen A. On ethics and economics [M]. Oxford: Basil Blackwell, 1987.

[136] Dickie M, Messman V L. Parental altruism and the value of avoiding acute illness: are kids worth more than parents [J]. Journal of Environmental Economics and Managemen, 2004, 48 (3): 1146 – 1174.

[137] Chanel O, Luchini S, Shogren J. Does charity begin at home for pollution reductions? [R]. de Gran Canaria: University of Las Palmas, 2005.

[138] Dickie M, Gerking S. Altruism and environmental risks to health of

parents and their children [J]. Journal of Environmental Economics and Management, 2007, 53 (3): 323 – 341.

[139] Bateman I J, Brouwer R. Consistency and construction in stated WTP for health risk reductions: a novel scope-sensitivity test [J]. Resource and Energy Economics, 2006, 28 (3): 199 – 214.

[140] Leung J, Guria J. Value of statistical life: Adults versus children [J]. Accident Analysis and Prevention, 2006 (38): 1208 – 1217.

[141] Andersson H, Lindbergb G. Benevolence and the value of road safety [J]. Accident Analysis and Prevention, 2009, 41 (2): 286 – 293.

[142] Joreskog K G, Sorbom D. Advances in factor analysis and structural equation models [M]. Cambridge, Mass: Abt Books, 1979.

[143] Fujii S, Kitamura R. Evaluation of trip-inducing effects of new freeways using a structural equations model system of commuters' time use and travel [J]. Transportation Research B: Methodological, 2000, 34 (5): 339 – 354.

[144] Simma A, Vrtic M, Axhausen K W. Interactions of travel behavior, accessibility and personal characteristics: the case of the upper Austria resion [A]. ETC Proceedings of European Trasport Conference [C]. England: Cambridge, 2001.

[145] Golob T F. Structural equation modeling for travel behavior research [J]. Transportation Research Part B: Methodological, 2003, 37 (1): 1 – 25.

[146] Lindhjem H, Navrud S, Braathen N A, Biausque V. Valuing mortality risk reductions from environmental, transport and health policies: a global meta-analysis of stated preference studies [J]. Risk Analysis, 2011, 31 (9): 1381 – 1407.

[147] Lundborg P, Lindgren B. Risk perception and alcohol consumption among young people [J]. Journal of Risk and Uncertainty, 2002, 25 (2): 165 – 183.

[148] Lundborg P, Lindgren B. Do they know what they are doing? risk perceptions and smoking behavior among swedish teenagers [J]. Journal of Risk and Uncertainty, 2004, 28 (3): 261 – 286.

[149] Barke R P, Smith H J, Slovic P. Risk perceptions of men and women scientists [J]. Social Science Quarterly, 1997, 78 (1): 167 – 176.

[150] Slovic P. The perception of risk [M]. London: Earthscan, 2000.

[151] Sunstein C R. Risk and reason [M]. Cambridge: Cambridge University Press, 2002.

[152] Nielsena J S, Gyrd-Hansena D, Kjær T. Valuation of morbidity and mortality risk reductions. Does context matter? [J]. Accident Analysis and Prevention, 2012 (48): 246 – 253.

[153] Nunnally L C. Psychometric theory [M]. New York: McGraw Hill, 1978.

[154] Delgado-Ballester E, Munuera-Aleman J L, Yague-Guillen M J. Development and validation of a brand trust scale [J]. International Journal of Market Research, 2003, 45 (1): 35 – 53.

[155] Richard T C, Nicholas E F, Norman F M. Contingent valuation: controversies and evidence [J]. Environmental and Resource Economics, 2001 (19): 173 – 210.

[156] Andersson H. Consistency in preferences for road safety: An analysis of precautionary and stated behavior [J]. Research in Transportation Economics, 2013 (43): 4 – 49.

[157] Murphy J, Stevens T H, Weatherhead D. Is cheap talk effective at eliminating hypothetical bias in a provision point mechanism? [J]. Environmental and Resource Economics, 2005b (30): 327 – 343.

[158] Blumenschein K, Blomquist G C, Johannesson M. Eliciting willingness to pay without bias: evidence from a field experiment [J]. Economic Journal, 2008 (118): 114 – 137.

[159] Fuji S, Gärling T. Application of attitude theory for improved predictive accuracy of stated preference methods in travel demand analysis [J]. Transportation Research Part A, 2003 (37): 389 – 402.

[160] Vossle C A, Ethier R G, Poe G L, Welsh M P. Payment certainty in discrete choice contingent valuation responses: results froma field validity test [J].

Southern Economic Journal, 2003 (69): 886 – 902.

[161] Swärdh J E. Hypothetical bias and certainty calibration in a value of time experiment [R]. Swedish National Road & Transport Research Institute, 2008.

[162] Svensson M. The value of a statistical life in Sweden estimates from two studies using the certainty approach calibration [J]. Accident Analysis and Prevention, 2009 (41): 1 – 8.

[163] Mitchell R C, Carson R T. Using surveys to value public goods: the contingent valuation method [M]. Washington, DC: Resources for the Future, 1989.

[164] National Oceanic and Atmospheric Administration. Report of the NOAA panel on contingent valuation [J]. Federal Register, 1993, 58 (10): 4601 – 4614.

[165] Cooper J C. Optimal bid selection for dichotomous choice contingent valuation surveys [J]. Journal of Environmental Economics and Management, 1993 (24): 25 – 40.

[166] Fischoff B, Furby L. Measuring values: a conceptual framework for interpreting transactions with special reference to contingent valuation of visibility [J]. Journal of Risk and Uncertainty, 1998 (1): 84 – 147.

[167] Park T, Loomis J, Creel M. Confidence intervals for evaluating benefit estimates from dichotomous choice contingent valuation studies [J]. Land Economy, 1991, 61: 64 – 73.

[168] Louviere J J, Hensher D A, Swait J D. Stated choice methods: analysis and applications [M]. Cambridge: Cambridge University Press, 2000.

[169] Hensher D A, Greene W H. Specification and estimation of the nested logit model: alternative normalizations [J]. Transportation Research Part B, 2002 (36): 1 – 17.

[170] Bhat C R. A heteroscedastic extreme value model of intercity travel mode choice [J]. Transportation Research, 1995, 29B (6): 471 – 483.

[171] Bhat C R. A nested logit model with covariance heterogeneity [J].

Transportation Research Part B, 1997 (31): 11 – 21.

[172] Revelt D, Train K. Incentives for appliance efficiency in a competitive energy environment: random parameters logit models of households' choices [J]. Review of E onomics and Statistics, 1998, 80 (4): 647 – 657.

[173] Greene W H, Hensher D A. A latent class model for discrete choice analysis: contrasts with mixed logit [J]. Transportation Research Part B, 2003 (37): 681 – 698.

[174] Rheinberger C M. A mixed logit approach to study preferences for safety on alpine roads [J]. Environmental and Resource Economics, 2011 (49): 121 – 146.

[175] McFadden D, Train K. Mixed MNL models for discrete response [J]. Journal of Applied Econometrics, 2000, 15: 447 – 470.

[176] Oort O. Evaluation of traveling time [J]. Journal of Transport Economics and Policy, 1969, 3: 219 – 286.

[177] Penn Jerrod, Hu Wuyang. Euthanizing value of a statistical life: monetizing differences in public perception and alternatives [J]. Applied Economics, 2018, 50 (16): 1824 – 1836.

[178] Yang Zhao, Liu Pan, Xu Xin. Estimation of social value of statistical life using willingness-to-pay method in Nanjing, China [J]. Accident Analysis and Prevention, 2016 (95): 308 – 316.

[179] Zan Hua, Scharff Robert. Regional Differences in the Value of Statistical Life [J]. Journal of Consumer Policy, 2017, 40 (2): 157 – 176.

[180] Agamoni Majumder, S. Madheswaran. Compensating wage differential and value of statistical life a meta-analysis [J]. The Indian Journal of Labour Economics, 2017, 60 (4): 527 – 548.

[181] Wang Jiandong, Wang Shuxiao, Voorhees A Scott, Zhao Bin, Jang Carey, Jiang Jingkun, Fu Joshua S, Ding Dian, Zhu Yun, Hao Jiming. Assessment of Short – Term PM2. 5 – related Mortality Due to Different Emission Sources in the Yangtze River Delta, China [J]. Atmospheric Environment, 2015 (123): 440 – 448.

[182] Hoffmann, Sandra, Krupnick Alan, Qin Ping. Building a Set of Internationally Comparable Value of Statistical Life Studies: Estimates of Chinese Willingness to Pay to Reduce Mortality Risk [J]. Journal of Benefit – Cost Analysis, 2017, 8 (2): 251 – 289.

[183] Thomas Laine, Peterson Eric. The Value of Statistical Analysis Plans in Observational Research: Defining High – Quality Research From the Start [J]. JAMA, 2012, 308 (8): 773 – 774.

[184] Carlsson, Fredrik, Daruvala Dinky, Jaldell Henrik. Value of Statistical Life and Cause of Accident: A Choice Experiment [J]. Risk Analysis, 2010, 30 (6): 975 – 986.

[185] Wang Hua, He Jie. Estimating the Economic Value of Statistical Life in China: A Study of the Willingness to Pay for Cancer Prevention [J]. Frontiers of Economics in China, 2014, 9 (2): 183 – 215.

[186] Lu Xingcheng, Yao Teng, Fung Jimmy C H, Lin Changqing. Estimation of Health and Economic Costs of Air Pollution over the Pearl River Delta Regionin China [J]. Science of the Total Environment, 2016 (566): 134 – 143.